Sumario

Páginas

I -	Apolo y Dafne	5
II -	Apolo y Leucótoe................	12
III -	El desafío de Aracne	19
IV -	Acteón y Artemisa	27
V -	Eco y Narciso...................	35
VI -	Las aventuras del rey Midas	43
VII -	Faetón y su carro	52
VIII -	Orfeo y Eurídice................	61
IX -	Dánae	72
X -	Perseo y Medusa................	82
XI -	Adonis	93
XII -	Prometeo, el ladrón del fuego	104
XIII -	Pandora	116

Soluciones a los juegos................... 124
Índice de nombres propios................ 127

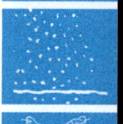

Los *héroes clásicos* continúan apasionando a los jóvenes y a los adultos: sus aventuras, al mismo tiempo que dan a conocer las culturas antiguas o medievales, nos muestran de nuevo, de un modo simbólico, todas las situaciones típicas de la condición humana.

La colección *Odiseas* permite descubrir a los jóvenes los grandes mitos que son el origen de nuestra cultura y las epopeyas históricas de las grandes civilizaciones del pasado. Los libros presentan *textos originales* divididos en breves episodios ilustrados, fáciles de leer y completados con páginas de *juegos* y *documentación*.

Estas páginas permiten al joven lector:

- comprobar la *comprensión del texto* a partir de preguntas simples pero fundamentales sobre la acción, los personajes y el sentido de las palabras importantes;
- memorizar el *vocabulario* respondiendo a las charadas o resolviendo los crucigramas;
- hacerse con un *caudal de conocimientos culturales* gracias a la gran cantidad de informaciones relacionadas con la civilización, la cultura o el contexto histórico en el cual se inserta el relato.

*Una lectura con juegos
para descubrir a los clásicos*

Una colección dirigida por
Anne-Catherine VIVET-RÉMY

De Apolo a Zeus
la venganza de los dioses

Anne-Catherine
VIVET-RÉMY

Ilustraciones:
Pascale
DESMAZIÈRES

Traducción:
Josefina Careaga

akal

EN LA MISMA COLECCIÓN

Anne-Catherine VIVET-RÉMY
Agamenón y la guerra de Troya
Los viajes de Ulises
Los trabajos de Hércules
Edipo
Rómulo y Remo
Lanzarote y los caballeros
de la Tabla Redonda
Teseo y el Minotauro

Béatrice BOTTET
Isis y Osiris

Bruno DOUCEY
Moisés

Brigitte ÉVANO
Erik y Harald, guerreros vikingos

Florence LANGEVIN
Sherezade y las Mil y Una Noches

Magali WIÉNER
Jasón y el vellocino de oro

Anne-Marie ZARKA
Julio César y la guerra de las Galias

VALPIERRE
El cantar de Roldán

Josefina CAREAGA RIBELLES
Boabdil y el final del reino de Granada
El Cid

Jesús MAIRE BOBES
Tirant lo Blanc
Gilgamesh, el sumerio

Jorge M. JUARÉZ
El Inca de Cuzco
El libro secreto de los mayas
El doctor Frankenstein
Drácula, el vampiro de Transilvania
La leyenda del príncipe Rama
Fausto y Mefistófeles

1.ª reimpresión, 2011
2.ª reimpresión, 2014
3.ª reimpresión, 2016

Reservados todos los derechos. De acuerdo a lo dispuesto en el art. 270 del Código Penal, podrán ser castigados con penas de multa y privación de libertad quienes reproduzcan sin la preceptiva autorización o plagien, en todo o en parte, una obra literaria, artística o científica fijada en cualquier tipo de soporte.

Título original
D'Apollon à Zeus la vengeance des dieux

© Éditions Retz, París, 1999
© Ediciones Akal, S. A., 2005
para lengua española
Sector Foresta, 1
28760 Tres Cantos
Madrid - España
Tel.: 918 061 996
Fax: 918 044 028
www.akal.com
ISBN-13: 978-84-460-1819-3
Dep. Legal: M-2128-2011
Impreso en España

— I —

Apolo y Dafne

APENAS EXISTEN DIOSES que no hayan cedido a la fuerza del amor. El dios del Sol, Apolo, fue uno de ellos como podréis leer en estas historias.

Su primer amor se llamó Dafne, y fue un amor desgraciado debido a la venganza de Eros, el hijo de Afrodita. ¿Quién no conoce a Eros en el Olimpo, el que se asemeja a un ángel y que se pasea por los cielos y por la tierra, siempre provisto de su arco y de su carcaj? Habitualmente malicioso y guasón, disfruta lanzando flechas que tienen el poder de enamorar a todo aquel al que alcanzan.

Cierto día, Apolo sorprendió al niño ocupado en tensar la cuerda de su arco.

—¿Niño, qué es lo que haces con un arma de héroe? ¿Te dispones a herir a alguna fiera o a algún enemigo? Sin embargo, no los veo por ninguna parte —dijo el dios del sol mirando a su alrededor. Y entre risas añadió—: ¡Deja esa arma de héroe y dedícate a tus historias de enamorados!

—¡Eso, búrlate de mí! ¡Más te valiera no haberlo dicho! Tus flechas acabaron con la terrible Pitón, ¿no? Pues las mías te tendrán a ti por diana —respondió Eros muy serio.

Y dejando allí al dios, se fue y se instaló en la cumbre del Parnaso. Extrae dos flechas del carcaj. Una de ellas tiene la punta roma y provoca el rechazo al amor de aquel a quien alcanza. Apunta y la dirige hacia Dafne. La segunda se la destina a Apolo. En cuanto la joven ninfa es alcanzada por la saeta, desprecia cuantas proposiciones le hacen y no quiere oír hablar ni de amor ni de matrimonio. Para no ser incomodada, se refugia en la soledad de los montes y únicamente se siente a gusto en los lugares más inhóspitos, alejados de las ciudades y de los hombres. Pero la reconocen y la buscan. Y ella huye cada vez más lejos, negándose a casarse, con gran desesperación de su padre, el río Peneo.

—¿Cuándo tendré por fin un yerno? ¿Cuándo te dignarás concederme la alegría de colmar de atenciones a mis nietecitos?

Cuando escuchaba estas palabras la ninfa siempre se ruborizaba, pero no respondía. ¿Cómo decir a su padre que el matrimonio le horrorizaba? Tratando de no desvelar el secreto de su corazón, se colgaba de su cuello y le suplicaba sin cesar que la dejase seguir el ejemplo de Artemisa, que jamás tuvo esposo. Tanta era la insistencia que Peneo tuvo que ceder. El padre no lamentó su decisión, ya que le compensaba la alegría de ver a su hija feliz. En plena libertad, la ninfa recorría sin cesar los bosques, entrando en todas las cuevas, probando el agua de todos los manantiales y de cada brizna de hierba.

Ignoraba, desgraciadamente, que Eros había herido a Apolo con otra flecha. Con otra flecha de aguda punta que volvía loco de amor a aquel al que alcanzaba. Desde el momento en que fue herido, Apolo no quitaba los ojos de Dafne, seducido por sus encantos y por su salvaje belleza. Poseerla, unirse a ella, era el pensamiento que lo obsesionaba día y noche. Se hubiera dicho que el corazón del dios se había inflamado ante su vista, lo mismo que las zarzas arden al amanecer, cuando un viajero imprudente deja caer tras de sí algunas brasas. Todo agrandaba su pasión. Cuando la veía despeinada, después de una solitaria carrera, la imaginaba aún más bella con un peinado for-

«Desde el momento en que fue herido, Apolo no quitaba los ojos de Dafne, seducido por sus encantos y por su salvaje belleza.»

mal. Continuamente la sigue, la persigue, la acosa. Al igual que un manantial que brota de una grieta en la roca, mil galanterías se escapan de sus labios enamorados. Le dice que sus ojos son astros, que su boca es apetitosa como una fruta; le dice que sus muñecas, sus manos, sus dedos son de una belleza sin igual. Pero la ninfa, ligera, huye de sus palabras aduladoras.

—Quédate. Te escapas temblando como una paloma o como una oveja. Si te persigo es porque te amo. ¡Detente, te lo ruego! Al verte correr de esa manera, temo que los espinos y las zarzas arañen y desgarren la delicada piel de tus piernas. Detente, no quiero causarte ningún mal. No desciendas por esa pendiente llena de guijarros. Vas a herirte los pies.

Pero Dafne no modera su carrera. Como enloquecida, siempre huye. No le importa desconocer la identidad de aquel que la acosa. No le da importancia al saber que no se trata de un rudo vaquero, ni de un tosco cabrero, sino de Apolo, el dios venerado en Delfos.

Si la ninfa no deja de huir de él, él no cesa de perseguirla e importunarla con sus palabras. Es el dios que conoce el futuro de los hombres, es el arquero divino, el músico prodigioso que subyuga a todo aquel que oye su lira. «¿Para qué haber inventado la medicina? Los hombres se benefician de esta ciencia mientras que ningún remedio logra aliviarme a mí de este amor que me consume», se lamenta.

El miedo da más fuerza a la joven ninfa. Consigue, mediante un supremo esfuerzo, dejar allí mismo al dios con la palabra en la boca. Él la mira alejarse. Dafne se encara contra el viento que le da de frente. Él la observa fijamente entre sus velos, que dejan al desnudo sus largos muslos torneados, su largo cuello y su graciosa mejilla entre sus espléndidos cabellos. La huida aún la hace más bella, piensa para sí Apolo.

Al verla de este modo, medio desnuda, un repentino ardor invade al joven dios. Se acabaron las palabras y las tiernas proposiciones. Ahora es el depredador que busca su presa. Ahora es la víctima que busca su salvación en la huida. El uno saca fuerzas de la esperanza, la otra del miedo. Pero el amor hace que Apolo sea más rápido. Su mano ya acaricia la espalda de Dafne; ya ve los delicados cabellos de su nuca cómo tiemblan ante su agitado aliento. Tan cerca está de ella que advierte su cansancio.

Un río corta la huida de la fugitiva.

—¡Peneo, padre mío, río divino, te lo ruego, haz que desaparezca este cuerpo que me hace tan deseable!

Y así ocurre, su padre la ha escuchado ya que sus miembros se paralizan, su cabellos se transforman en hojas, sus brazos en ramas y su cuerpo en tronco. Pero, incluso así, Apolo la sigue amando. Acaricia el árbol en que ella se ha convertido, emocionado al sentir los acelerados latidos del corazón de su amada bajo la reciente corteza. Sus dedos se deslizan por el tronco, por las ramas, bajo las tiernas hojas. Besa apasionadamente la madera que parece querer escapar de su abrazo.

—¡Está bien! Puesto que te resistes encarnizadamente a ser mi esposa, serás mi árbol. A partir de hoy, tus hojas adornarán mi frente, mi cítara y mi carcaj y, en todas las estaciones del año, el laurel en que te has convertido mantendrá su follaje.

Las hojas se movieron. ¿Era el viento que jugaba con las ramas o Dafne que aprobaba las palabras del dios que la había amado con un amor imposible?

Juegos

I

Apolo y Dafne

1 Nombres propios mezclados

Las casillas del cuadro siguiente contienen las sílabas de cinco nombres de origen griego. Encuéntralos.

A	FIN	DAF	
LI	PE	TA	DEL
NA	CA	FE	GA
TA	LI	NE	

A continuación completa las frases con los nombres que has encontrado.

1- A .... es un nombre femenino al mismo tiempo que una piedra preciosa. En griego significa «buena».

2- C .... tiene como diminutivo Cati. *Katharos,* en griego significa «puro».

3- D .... es la heroína de la historia que acabas de leer.

4- D .... es un nombre masculino que tiene su origen en la palabra Delfos, lugar donde se hallaba el templo más grande consagrado a Apolo. También es el nombre de un pez.

5- F .... es un nombre masculino que significa «el que ama los caballos». Su origen viene del griego *philos* = «amigo» e *hippos* = «caballo».

2 A cada uno su oficio

Enlaza cada uno de los dioses con su actividad.

1 - Apolo   a - dios del Amor, hijo de Afrodita.
2 - Hefesto   b - dios de la Guerra.
3 - Eros   c - dios del Sol.
4 - Ares   d - dios del Fuego y los Metales.

Apolo es el dios del Sol. También es el símbolo de la belleza masculina. A pesar de su belleza y de su gloria, sus amores fueron desgraciados.

Ficha de identidad

Retrato
Siempre joven, sin barba. Lleva consigo el arco y las flechas (los rayos del sol), la lira (armonía de los cielos); sus cabellos están sueltos y ceñidos por una corona de laurel.

Características peculiares
Cuando conduce el carro del Sol, recibe el nombre de Foibos («el brillante») o Febo; en la Tierra o en los Infiernos se le conoce por Apolo. Canta y toca la lira maravillosamente.

Nacido de: Zeus y Leto, en la isla de Delos.

Hermano gemelo de: Artemisa.

Esposo de: nadie. Amó entre otras a Casandra, que, habiendo conseguido el don de la profecía, no quiso unirse a él. Como castigo, Apolo le retiró el poder de ser creída. De modo que nadie quiso hacerle caso cuando anunció que unos soldados griegos se encontraban en el interior del caballo de Troya y que destruirían la ciudad.

Padre de: Asclepio (o Esculapio), a quien tuvo con la ninfa Corónide, y de Faetón, el más famoso de los numerosos hijos nacidos de Climenea.

Profesión: dios del Sol, de la Música y de la Poesía.

Dirección: el Olimpo, de donde Zeus lo exilió en dos ocasiones.

Animales: el delfín y el cuervo.

Árbol: el laurel (en recuerdo de Dafne).

Lugares donde tienen sus oráculos: Delos y, sobre todo, Delfos.

II

Apolo y Leucótoe

DECIDIDAMENTE, Apolo fue un amante desgraciado. Comprobadlo en esta nueva historia.

Apolo, que todo lo ve y todo lo oye, sorprende un día a Ares y a Afrodita entregados al amor. Pero se trata de una indignidad, ya que Afrodita es la esposa de Hefesto, el dios herrero. Cuando Apolo informa del hecho al marido, éste abandona rápidamente el objeto que estaba forjando para dedicarse a construir una red, cuya malla de bronce está formada por unos hilos tan finos como los hilos de una tela de araña. De este modo los dos amantes no tendrán ninguna oportunidad de escapar cuando se la arroje sobre ellos, piensa Hefesto. Sólo falta sorprenderles. Se dedica a vigilarlos, pero no tiene casi que esperar. Ahí tenemos a Ares y a Afrodita que se tumban en el lecho. Apenas han comenzado a abrazarse cuando aparece Hefesto, los encierra con su red y se va, dejando abiertas las enormes puertas de la habitación. Todos los dioses, previamente avisados, aparecen. Los dos amantes se quedan inmóviles y sin saber qué decir, tanto por la vergüenza como por la trampa en la que han caído. Uno de los espectadores exclama:

—Si para obtener los favores de Afrodita hay que pasar por semejante vergüenza, yo ¡pagaría dichoso el precio!

Carcajada general.

Durante mucho tiempo, se comentó esta historia ¡en el Olimpo!

Pero Afrodita desea vengarse de esta pública afrenta. Quiere que los amoríos secretos del mismo Apolo sean puestos al descubierto del mismo modo que lo han sido los suyos... La diosa del Amor utiliza sus armas, y hace que Apolo caiga locamente enamorado.

—¿Qué ocurre en el cielo? ¿El sol se ha vuelto loco? —se preguntan los hombres llenos de espanto.

Durante varios días observan cómo el astro solar o amanece más temprano, o se oculta con retraso, o incluso se eclipsa, dejando a la tierra en la más profunda oscuridad.

Es que Apolo se ha enamorado de Leucótoe. Él, que todo lo veía, ahora sólo la ve a ella y se olvida de iluminar a los hombres. Él, cuyos rayos de sol proporcionaban a la tierra luz y calor, ahora es el que arde en el fuego del amor.

Ella es tan bella, y él la ama tanto, que una noche, no pudiendo más, abandona a sus fogosos corceles en las praderas celestes, bajo el cielo de Hesperia. Es allí, en efecto, donde los caballos solares se alimentan no de la hierba fresca, sino de la divina ambrosía. Ésta devuelve la fuerza a sus miembros cansados de la larga carrera diaria que realizan en el firmamento desde el este al oeste, conducidos por Apolo, que desciende de su carro y se acerca a aquella a la que ama.

Al caer la noche, penetra en la habitación de Leucótoe, pero para que nadie descubra su amor, que quiere mantener en secreto, toma la apariencia de su madre. ¡Por fin ya está a su lado! Tan cerca está de ella que puede oler el perfume de su cuerpo. Bajo la claridad de las antorchas, Leucótoe está entretenida hilando en medio de sus criadas.

—Mujeres, ¡dejadnos solas! —les ordena el dios.

Una vez a solas con la joven, le dice:

—No soy tu madre, soy el dios que todo lo ve y que todo lo oye: Apolo. Y yo te amo. ¡Créeme!

Las manos temblorosas de Leucótoe sueltan el huso y la rueca. «El miedo la hace aún más bella», se dice Apolo, que ya ha tomado su apariencia divina.

El dios se acerca y, cual enamorado, la estrecha entre sus brazos. Silenciosa y aterrorizada, la joven muchacha, cede.

En el Olimpo, Afrodita se encuentra satisfecha. Pero para que su venganza sea completa, todos deben saber, dioses y humanos, que Leucótoe ha sido deshonrada por Apolo. Para lo cual, da la noticia a Clitia, joven a la que el dios había amado apasionadamente algún tiempo atrás y a la que había abandonado por Leucótoe.

Clitia, fuera de sí a causa de los celos, recorre todos los lugares dando a conocer a voz en grito este amor. Informa de ello incluso al padre de Leucótoe, para así causar más daño a su rival.

Loco de ira y deshonrado a los ojos de todos, quiere castigar a su hija. La saca fuera del palacio mientras ella grita su inocencia:

—Padre mío, no tengo nada que ver con eso. Yo no quería. ¿Pero qué puede hacer una mortal contra el deseo de un dios?

Sordo a sus súplicas, este bárbaro padre manda cavar una fosa y sin piedad empuja dentro a la joven muchacha. La arena enseguida la recubre por entero, ahogando sus gritos.

Al ver esto, desesperado, Apolo, mediante sus rayos, practica un orificio en la fosa para que Leucótoe pueda, por lo menos, respirar. Pero, desgraciadamente, el peso de la tierra ha acabado con su vida. No puede levantar la cabeza: ¡está muerta! Conmovido, el dios del sol quiere calentar ese cuerpo que la muerte ha enfriado. ¡Todo es inútil!

Entonces el dios derrama néctar, bebida divina, sobre la tumba de su bien amada y proclama:

—¡Estás muerta, pero tu perfume subirá al cielo!

«Al caer la noche, penetra en la habitación de Leucótoe...»

A partir de entonces, desde la tierra, brota un tallo de incienso en recuerdo de Leucótoe a la que Apolo quiso con un amor loco.

Y, ¿qué pasó con Clitia? Si bien es cierto que ahora ya no tenía rival, su malvada acción no le devolvió el amor de Apolo. Nunca jamás el dios de la Luz volvió a darle calor con sus caricias.

Entristecida y desgraciada, abandona toda compañía para permanecer sentada, sola, bajo el cielo vacío, con su hermosa cabellera suelta sobre sus hombros. No se vuelve a alimentar y solamente bebe el rocío y sus propias lágrimas, con la cara vuelta hacia el Sol. Permaneció así durante tanto tiempo que se dice que sus pies se convirtieron en raíces, que su cuerpo se transformó en un descolorido tallo y su cara se puso de color rojo. De esta forma, sujeta al suelo por sus raíces, continúa, a pesar de todo, siguiendo cada día con la mirada, el recorrido en el cielo de su querido astro, el Sol.

Sin duda habréis reconocido en esta transformación a la violeta, aunque algunos afirman que hay que ver más bien el heliotropo, conocido también con el nombre de girasol o «girándula».

Juegos
— II —
Apolo y Leucótoe

1 Charadas

A – La primera está en el inicio.
La segunda es un centenar.
Y con la tercera se termina el caso.
En conjunto, desprendo un suave y oloroso perfume al arder.

Respuesta: ....

B – Con la primera, entro.
Con las dos siguientes, quiero.
Con la cuarta, empiezo a razonar.
Y la quinta casi te la doy.
Al juntarnos, así se queda Apolo cuando ve a Leucótoe.

Respuesta: ....

C – Con las dos primeras el mundo da vueltas...
... alrededor de la tercera.
Mi total es una flor que mira al sol.

Respuesta: ....

2 Cultura general

Aquí tienes un mensaje codificado: algunas letras han sido sustituidas por símbolos.
Para descubrir su secreto tienes una pequeña clave:

⊗fr⊕d⊘t⊗ es la diosa del amor.

Las historias que acabas de leer, y algunas otras de este libro, han sido adaptadas de una obra titulada L⊗s met⊗m⊕rf⊕s⊘s, escrita por un autor latino llamado ⊕v⊘d⊘⊕.

Respuesta: ....

Documentación
II

Las ninfas

Las ninfas son divinidades que proliferan en la naturaleza. Cuando viven en los bosques, se las conoce por dríades. Cuando habitan en los ríos, en las fuentes, en las aguas corrientes, se las llama náyades (de la palabra griega *naiein,* que significa «fluir»). Se decía que eran hijas de Zeus o de los ríos. Se las representaba como jóvenes chicas muy hermosas, con los brazos y piernas al aire, y una larga cabellera suelta sobre los hombros y adornada de flores. Sensibles a la belleza de los jóvenes mortales, intentaban seducirlos y, si éstos se resistían, se vengaban de ellos, a veces de forma muy cruel.

El néctar y la ambrosía

Los dioses, como nosotros, comían y bebían, si bien la naturaleza de sus alimentos y bebidas era muy especial. El néctar y la ambrosía eran servidos en los banquetes del Olimpo por la diosa Hebe, cuyo nombre quiere decir «juventud», o por el mortal Ganimedes, y tenían el poder de proporcionar la inmortalidad.

La ambrosía, alimento sólido «nueve veces más dulce que la miel», era su comida. *Ambrosía* en griego significa «inmortalidad».

El néctar era la bebida que los dioses saboreaban únicamente en copas de oro. ¡Este brebaje, sin duda, debía ser delicioso! Por eso hoy día se da el nombre de «néctar» a algunos zumos de frutas. ¡Aunque éstos no proporcionan la inmortalidad!

Por desgracia, los poetas y especialistas en mitología jamás nos han descrito el aspecto de estos alimentos.

III

El desafío de Aracne

¡JAMÁS UN MORTAL DEBE COMPARARSE CON LOS DIOSES! Vais a conocer lo caro que esto le costó a la joven hilandera Aracne, que intentó desafiar a Atenea, diosa de las Ciencias y las Artes.

Aunque de origen sencillo y modesto (su padre trabajaba en teñir lana con la púrpura que sacaba del mar), Aracne llegó a ser muy famosa en su país. Nadie la igualaba en el arte de tejer. De todas partes venían para admirar su talento. Ninfas de los bosques y de las aguas acudían para verla manejar el huso, la rueca o las agujas de bordar. Sus dedos eran tan ágiles, rápidos y vivos que incluso era difícil seguir sus movimientos cuando trabajaba. Cuando se detenían, quedaba uno sorprendido.

—¿Por qué te paras Aracne? ¿Estás cansada?

—¡Es que ya he terminado! –exclamaba gozosa la joven.

Y todos quedaban maravillados al ver la belleza del tejido que les mostraba.

Como gustaba tanto el verla trabajar como admirar las telas que nacían de sus expertos dedos, el taller nunca estaba vacío. Un día, creyendo que le hacía un cumplido, una admiradora le preguntó si había sido alumna de Atenea.

—¡No! –respondió algo molesta de que pudieran pensar que había sido enseñada por un maestro, aunque se tratase de una diosa—. ¡Que venga ella a medirse conmigo! Si me vence, haré lo que ella quiera.

Una anciana mujer de cabellos blancos, apoyada en un bastón, se le aproximó entonces.

—Bien es cierto que la vejez nos trae muchos males, pero también nos da experiencia. Tus afirmaciones me parecen muy temerarias, hija mía. Escucha, pues, mi consejo. Puedes creerte la hilandera más experta de todos los mortales. Pero ¡cuídate mucho de compararte con una diosa! Es una ofensa que ella no te perdonará jamás, salvo si la imploras.

Aracne deja de hilar para contemplar a la anciana. Llena de ira, apenas consigue retener la mano presta a golpear a la que acaba de hablar.

—La vejez te ha trastornado. ¡Vivir tanto es una desgracia! —le responde Aracne—. Guarda tus consejos para tu hija o para tu nuera. ¡Yo no tengo necesidad de ellos! Y mantengo lo dicho. Y si Atenea se considera ofendida, ¡que acepte el desafío que le lanzo!

—Yo soy Atenea y me encuentro a tu lado.

Y ante los ojos asombrados de los presentes, la anciana mujer se convierte en Atenea, la diosa de los ojos de garza. Todas las mujeres y ninfas allí presentes se inclinan ante la hija de Zeus. Solamente Aracne se queda como una estatua de mármol. Apenas un leve rubor en sus mejillas, rápidamente desvanecido, traiciona su emoción. Era como el resplandor rosáceo con el que el cielo se recubre al amanecer y que el sol disuelve tan pronto como aparece.

—¡De acuerdo! Acepto tu desafío —le dice Atenea a la indomable Aracne.

La joven no se da cuenta de que corre a su perdición al persistir en su decisión.

Y ahí tenemos ya a las dos volcadas en su trabajo. Ninguna siente el cansancio, tal es el ardor que ponen. Tejen

De Apolo a Zeus

«Y ahí tenemos ya a las dos volcadas en su trabajo. Ninguna siente el cansancio, tal es el ardor que ponen.»

sin cesar, utilizando todos los colores, de los más claros a los más oscuros, de tal forma que se podría creer ver un arco iris sobre el tejido que nace entre sus ágiles dedos. Las dos bordan historias de hace mucho tiempo.

Atenea ha escogido como tema para el bordado la lucha que la enfrentó a Poseidón por la ciudad de Atenas. Zeus está presente, así como otros doce dioses, serios y majestuosos. Con su tridente, el dios de los Mares golpea una roca de donde brota un agua azulada. La misma Atenea se encuentra presente con su escudo, su casco y la égida sobre su pecho. Y, allí donde ha clavado su lanza, un olivo cubierto de frutos ha brotado de la tierra.

En fin, para que Aracne comprenda perfectamente cuál es el precio que debe pagar por su insolencia, añade en las cuatro esquinas de la tela unos minúsculos personajes que reflejan las terribles transformaciones que sufrirán los mortales que hayan ofendido a los dioses.

Y para concluir su trabajo, borda la tela con una orla de ramos de olivo.

En cuanto a Aracne, representa todos los malos tratos, toda la violencia que los dioses han aplicado a los mortales a los que deseaban.

Se ve a Zeus convertido en toro que persigue a Europa acobardada y con la mirada perdida. También está Leda abrazada por las enormes alas de un cisne que no es otro que Zeus. Al mismo dios se le puede ver de nuevo en la tela, esta vez bajo el aspecto de Anfitrión, seduciendo a Alcmena, o en forma de lluvia de oro inundando a Dánae.

Aracne representa también a Poseidón, aquí como un carnero, allí como un caballo, más lejos como un pájaro, o también como un delfín, pero siempre entregado a abusar de las desgraciadas mortales. Después Aracne termina su tela bordando una orla en la que se mezclan ramos de yedra con flores ligeras. Por último, se detiene y acaricia su frente brillante por el sudor.

Atenea observa la obra de su rival: nada tiene que decir ante tanta perfección. Entonces la diosa, hecha una furia, se lanza sobre la tela ricamente coloreada y la desgarra. Pero su rabia es tal que con su lanzadera golpea con violencia la frente de Aracne.

La joven no soporta esta ofensa y se ausenta. Alejada de las miradas, coge un cordón que anuda alrededor de su cuello y se cuelga. Cuando Atenea se entera, siente algo de piedad.

—Vivirás –le dice–, pero te quedarás así, siempre colgada, tú y tu descendencia.

A continuación cuece una hierba que sólo ella conoce, y extrae un jugo que derrama sobre la joven. Rápidamente se queda sin cabello, sin nariz, sin orejas, mientras que su cara y su cuerpo se encogen. Sus dedos, largos y finos, se fijan en sus costados y se convierten rápidamente en sus piernas. Transformada así, parece que es únicamente un vientre.

De este modo nacieron las arañas, que no paran de tejer el hilo de sus maravillosas telas, siguiendo el ejemplo de su antepasada Aracne.

Juegos

— III —
El desafío de Aracne

1 Completar

Vocabulario

Atenea ha convertido a Aracne en un pequeño animal: una araña. Esta palabra tiene algunos homónimos.

Aguza el ingenio y completa las siguientes frases. En una de ellas, la palabra araña no es la apropiada. ¿De qué frase se trata? ¿Cuál sería la palabra correcta? Como orientación, te diremos que su sonido se parece a «araña».

1 - Del techo colgaba una enorme .... que iluminaba todo el salón.
2 - Ese gato que .... es bastante peligroso.
3 - La .... está tejiendo su tela.
4 - Esa mujer es muy .... Siempre está sola.

2 Adivinanza

Apoyándote en el texto que acabas de leer, descubre esta adivinanza.
¿Quién soy?
   Cierto día me fui a bañar.
   Vi un cisne venir hacia mí, apresuradamente,
   pues lo perseguía un águila.
   Acogí en mis brazos al pobre animal,
   sin saber que era Zeus, que abusaba de mí.
   De este encuentro nació mi hija Helena,
   la que provocó en Troya la terrible guerra.

Respuesta: ....

3 ¿Verdadero o falso?

¿Has leído atentamente? Señala la casilla correcta.

1 - Atenea es la diosa de las Ciencias y de las Artes.

    [V]   [F]

2 - Atenea tejió las metamorfosis de los dioses.

    [V]   [F]

3 - Ella termina su tela con una orla de laureles.

    [V]   [F]

4 - Aracne tejió las metamorfosis de Zeus y Poseidón.

    [V]   [F]

5 - Ella borda su tela con una orla de ramos de yedra y ligeras flores.

    [V]   [F]

6 - Atenea golpea la frente de Aracne con un puñal.

    [V]   [F]

4 Sopa de letras

Encuentra nombres propios que aparecen en este capítulo. ¡Ojo! Las palabras pueden estar escritas al derecho, al revés, en horizontal, en vertical o en transversal.

N	O	I	R	T	I	F	N	A
V	A	P	O	R	U	E	T	S
H	A	R	A	C	N	E	S	I
E	L	O	E	T	N	O	I	M
A	Ñ	W	L	A	Z	L	T	E
N	O	D	I	E	S	O	P	T
A	L	M	U	B	D	P	R	R
D	B	S	U	I	Z	A	D	A

Relación: Aracne - Artemisa - Poseidón - Zeus - Apolo - Europa - Leda - Anfitrión - Dánae.

Hija favorita de Zeus, aconseja a los dioses y a los mortales y es la protectora de los héroes en su lucha contra el Mal. Descubre otras particularidades...

Ficha de identidad

Atenea

Nacida de: Zeus. Éste supo que si Metis, la madre, daba a luz un hijo, éste le destronaría. Así que Zeus se tragó a Metis, que ya estaba a punto de dar a luz. Atenea salió toda armada del cráneo de su padre, después de que Hefesto hubiera dado un hachazo en la cabeza de Zeus, que se quejaba de dolor de cabeza.

Retrato

De belleza sencilla, modesta. Aspecto serio pero lleno de nobleza, de fuerza y de majestad. Lleva un casco, una lanza, un escudo y la égida.

Hermana de: Ares, Hefesto y otros muchos (ver la ficha de identidad de Zeus).

Esposa de: nadie. Atenea nunca quiso casarse y permaneció virgen.

Características particulares

Hija predilecta de Zeus. Junto con Ares, es la única que lleva la égida de su padre. Tiene el privilegio de profetizar y prolongar la vida a los mortales. Siempre aparece justa y clemente (excepto en la historia de Aracne).

Profesión: diosa de la Sabiduría, de la Guerra, de las Ciencias y de las Artes.

Dirección: el Olimpo.

Animales: la lechuza y el dragón.

Árbol: el olivo, que ella regaló a los atenienses.

Santuario: el más conocido es el de Atenas.

Equivalente latino: Minerva.

— IV —

Acteón y Artemisa

Es ARTEMISA UNA DIOSA sobre la que Afrodita no tuvo jamás ningún poder. Es ella, la diosa cazadora, la solitaria amante de los bosques y montañas. Ni su corazón ni su cuerpo conocieron jamás el amor.

Es hija de Zeus y de Leto, la del oscuro vestido, una de las divinidades de la noche. Pero, tan pronto como Hera, la legítima esposa de Zeus, se enteró de que Leto llevaba en su vientre dos hijos de su marido, envió a la terrible Pitón en su persecución. La desgraciada Leto recorrió el mundo entero, hasta que un día, llevada en alas del Viento Sur, llegó a Ortigia, la isla flotante (posteriormente fue el centro del mundo griego, bajo el nombre de Delos), y allí dio a luz, primero una niña, Artemisa, y siete días más tarde un niño, Apolo.

Se cuenta que un día en que su padre Zeus le preguntaba qué regalo deseaba, Artemisa, con tres años de edad, respondió:

—Lo mismo que mi hermano, quiero un arco y unas flechas. Y también una túnica corta de caza, color azafrán. También necesito muchas ninfas que me acompañen en mis cacerías y den de comer a mis perros. Y, ya que has encargado a Apolo la tarea de llevar a los hombres la luz del día, encárgame a mí la de la noche.

Y diciendo esto, la niña, sentada sobre las rodillas de su padre, se estiró para acariciar su barba. Con una sonrisa de orgullo, Zeus accedió a todas las peticiones de su hija, incluida la de no casarse jamás, exigencia que le formuló algo más tarde. Y todo se desarrolló según Artemisa había solicitado.

Cuando se hizo mujer, lo que prefería por encima de todo era correr por correr, acompañada de sus fieles ninfas, feroces y salvajes como ella. Nada le producía más placer que correr, calzada con unas sandalias y vestida con su túnica corta. Por todo adorno, únicamente los cabellos sueltos sobre su nuca y, al hombro, el arco y el carcaj repleto de aceradas flechas. ¡Desgraciado aquel que la ofenda, porque sus castigos son terribles!

La tierra abrasa y se cuartea bajo los ardientes rayos que lanza el dios del Sol. A esta hora del día, no existe ninguna sombra donde protegerse. Es mediodía y toda la naturaleza permanece en silencio. No obstante se oye una voz:

—¡Detengámonos! Ya hemos cazado bastante y no volvemos con las manos vacías. Mañana regresaremos a este mismo lugar, pues no he visto otro que tenga caza tan abundante.

El que acaba de hablar así es Acteón, el hijo del rey. Sus acompañantes acceden gustosos, al mismo tiempo que enjugan el sudor que cae de su frente con el dorso de la mano. Mientras que algunos llaman a los perros, otros recogen los venablos y las ensangrentadas redes. Hace demasiado calor para volver y el grupo de cazadores se encamina hacia un pequeño valle cubierto de pinos y cipreses. ¡Qué agradable será descansar allí, cuando el sol lanza sus ardientes rayos, a la sombra del bosque! En cuanto a Acteón, prefiere darse un paseo. Apenas se ha alejado de sus compañeros, cuando sus perros se levantan y le siguen, ladrando alegres y moviendo el rabo. ¡Por desgracia!, el joven desconoce que este lugar está consagrado a Artemisa.

«Entonces, tomando agua entre sus manos, la arroja a la cara del joven.»

En lo más intrincado del valle, la naturaleza ha socavado una gruta abovedada en la roca. En lo más profundo brota un manantial que alimenta un hondo pilón en el que la diosa disfruta bañándose después de una acalorada cacería. Allí está en ese momento. Las ninfas ríen, nerviosas por refrescarse en esta agua limpia y bienhechora después de la fatigosa carrera. Todas ellas rodean a la diosa. Una, arrodillada, desata sus sandalias, otra anuda los cabellos de la diosa de la corta túnica, la siguiente recoge el ahora pacífico arco y el carcaj, la última, la túnica que Artemisa le tiende. Toda desnuda, la diosa se introduce en el pilón y disfruta, lo mismo que sus compañeras, al sentir el agua deslizarse por su cuerpo.

Acteón pasea sin rumbo fijo. Desconoce que el destino guía sus pasos en dirección a la cueva... Y penetra en su interior. Sorprendido por el espectáculo que se ofrece a su vista, no puede dejar de mirar a la más bella de todas las mujeres completamente desnuda, a Artemisa. No oye los gritos de las asustadas ninfas que, tratando de esconder su desnudez, forman un escudo en torno a la diosa que busca con la mirada, pero sus armas están demasiado lejos como para castigar al imprudente. Entonces, tomando agua entre sus manos, la arroja a la cara del joven.

—¡Veremos si puedes presumir de haberme visto desnuda!

Y, mientras la diosa pronuncia estas palabras, sobre la cabeza de Acteón crece la cornamenta de un ciervo, su cuello se alarga y sus orejas se hacen puntiagudas. Sus manos se transforman en pezuñas, sus brazos en largas patas y un pelaje moteado recubre todo su cuerpo. Completamente atemorizado, Acteón baja la mirada y se dispone a huir cuando se ve reflejado en el agua. ¡Un ciervo! ¡Artemisa le ha transformado en un ciervo! Quiere expresar su asombro, pero es un mugido lo que se escapa de su garganta. ¿Qué puede hacer? La vergüenza le impide regresar a casa de su padre y el miedo le impide ocultarse en el bosque. ¿Pero qué son esos gruñidos que oye a su espalda? Se da la vuelta y ve a sus perros con los morros levantados y enseñando los colmillos. Sin pensarlo más, toma carrerilla, se abre paso y alcanza el exterior. Rápido, más rápido, cada vez más deprisa, Acteón corre por caminos de tierra, evita los desprendimientos de rocas y se refugia en las cumbres más escarpadas y vertiginosas. Pero la jauría no desiste y le sigue de cerca. ¡Cómo le gustaría ir detrás y no delante de sus propios ayudantes! Les quiere gritar: «¡Soy yo, Acteón, vuestro amo!». Pero no tiene voz y del joven que ha sido sólo le queda la facultad de razonar. Se le escapa un quejido. Uno de sus perros acaba de morderle la espalda. Después otro se cuelga de su hombro. Enseguida todos están encima de él, desgarrando su pobre cuerpo sin dejar ninguna parte sin dañar.

Los ladridos han puesto sobre aviso a los compañeros de Acteón que pronto se reúnen con los perros. Desconocedores del drama, los felicitan por haber logrado una presa tan hermosa, al mismo tiempo que se sorprenden de que Acteón no se encuentre entre ellos.

—¡Acteón! —llama uno.

—¡Acteón! —continúa otro.

—¿Dónde se ha metido? ¡Qué lástima que no puedas ver esto!

Al oír su nombre, Acteón, transformado en ciervo, ha vuelto la cabeza hacia ellos. Postrado de rodillas, y con ojos suplicantes, les dirige un mudo ruego. Quisiera estar lejos, pero, por desgracia, se encuentra allí, víctima y no espectador de las terribles hazañas de sus perros de caza, cuyos hocicos se hunden en sus entrañas. Sin saberlo, desgarran a su amo, a quien la diosa de la Caza ha transformado en ciervo.

La venganza de Artemisa no se aplacó hasta que Acteón se quedó sin sangre y su corazón dejó de latir...

Juegos

— IV —

Acteón y Artemisa

1 Cultura general

Vocabulario En el texto, los cazadores descansan cuando el sol se encuentra en el cenit, que quiere decir en «su punto culminante».

Aquí tienes tres viñetas que ilustran las etapas del recorrido del sol, desde el amanecer hasta su ocaso. Escribe debajo de cada una de ellas la palabra apropiada: cenit, aurora, crepúsculo.

....

2 Historias de animales

Completa el cuadro siguiente con ayuda de la lista de palabras.

Lista: jabalina - bosque - cierva - potro - cervatillo - pocilga - bramido - jabato - yegua.

Animal	Hembra	Cachorro	Vivienda	Grito
jabalí	....	....	....	gruñido
caballo	....	....	cuadra	relincho
ciervo	....	....	....	....

3 Completar

Vocabulario Ya sabes que los sinónimos son palabras que se pueden sustituir por otras que tienen aproximadamente el mismo sentido. Por ejemplo: metamorfosis = transformación, mutación.

Al leer este capítulo, quizás algunas palabras te hayan parecido difíciles. Sustitúyelas en las siguientes frases por sus sinónimas (palabras o expresiones) más corrientes tomadas de esta relación.

Relación: muy cansada - castigarle - abundante en caza - humillado - salvajes - provechosa - sin nada.

1 - Sin querer, Acteón ha *ofendido* (..............................) a Artemisa, que va a *penarle* (..............................).

2 - A la vista del joven, las ninfas *feroces* (..............................) esconden su desnudez.

3 - Los cazadores no regresan *con las manos vacías* (..............................), ya que el lugar es *un buen coto de caza* (..............................). La cacería ha sido *fructífera* (..............), aunque *fatigosa* (..............................).

4 ¿Quiénes son estas diosas?

Se han olvidado de poner el nombre de cada diosa debajo de sus «retratos».
Encuentra estos nombres y escríbelos.

....

Esta hija de Zeus es muy amante de los bosques y la caza. ¿Sabes quién es su hermano gemelo? ¿Tiene muchos puntos en común con él?

Ficha de identidad

Artemisa

Nacida de: Zeus y Leto.

Hermana gemela de: Apolo.

Esposa de: nadie. No quiso casarse nunca.

Profesión: diosa de la Luna, de los Bosques y de la Caza.

Dirección: los montes y los bosques.

Animales: la cierva y el jabalí.

Personalidad: gusto demostrado por la caza. Lleva a su espalda un carcaj con flechas.

Santuario: el más conocido es el de Éfeso.

Día dedicado: el lunes.

Equivalente romano: Diana, diosa de la Luna.

Retrato

Orgullosa y altiva con su vestimenta de caza. Sus piernas y pies están desnudos. Sus cabellos están recogidos por detrás y su frente está coronada por un creciente lunar.

Características particulares

Utiliza diferentes nombres según los lugares que frecuenta (lo mismo que su hermano Apolo):
- Selene, por la noche;
- Artemisa, en la Tierra;
- Hécate, en los Infiernos.

Posee un cortejo de ninfas: las sesenta Oceánides y las veinte Asias.

— V —

Eco y Narciso

TU HIJO NARCISO VIVIRÁ MUCHOS AÑOS con la condición de que no se mire –había profetizado el adivino Tiresias.

«¿Cómo interpretar estas palabras?», se preguntaba la ninfa Líríope mirando a su hijo recién nacido. Se puso a recordar el día en que el río Cefiso, el padre de Narciso la había, muy a su pesar, estrechado entre su sinuoso curso y la había fecundado.

De este encuentro nació, nueve meses más tarde, su hijo Narciso. Recordaba la alegría que experimentó con su nacimiento, y la inquietud que casi simultáneamente la sucedió. Necesitaba saber, a toda costa, si este hijo tendría una vida larga y una ancianidad dichosa. Y con este motivo fue a consultar a Tiresias, que según decían leía con acierto el futuro de los mortales.

Pero Líríope no acertaba a interpretar la profecía: «con la condición de que no se mire...». Miró al niño y Narciso le sonrió. Se vio reflejada en sus pupilas claras como en un espejo y reconoció su belleza en los rasgos del niño. Ante esta sonrisa tan confiada, notó que sus aprensiones desaparecían. No era posible que la desgracia se cebara en su hijo, tan hermoso, tan sano, tan lleno de vida.

Transcurrieron dieciséis años... A veces Líríope recordaba las palabras del adivino, pero seguía sin entenderlas y además, por qué preocuparse si Narciso se desarrollaba fuerte y su belleza deslumbraba como el sol en verano.

Cierto día que Narciso estaba tras la caza de un ciervo, la ninfa Eco lo vio. Oculta entre la espesura del bosque y con la mirada clavada en el joven, admiraba cada uno de sus movimientos.

Ardía en deseos de aproximarse y hablarle..., pero estaba hecha de tal manera que no podía ser la primera en hablarle. Hera sospechaba que había tenido una aventura con Zeus y la había privado de la palabra. Con toda crueldad le había dicho: «¡Nunca podrás hablar la primera, pero, sin embargo, podrás decir la última palabra!». A partir de ese día, Eco podía repetir únicamente las últimas sílabas que oía.

Pero si bien no podía dirigirse a Narciso, sí podía, al menos, repetir las palabras que él pronunciara primero. Narciso, a quien la persecución del ciervo había alejado de sus compañeros, estaba inquieto:

—¿Hay alguien por aquí? ¿Estoy sólo yo?
—Yo —repitió Eco.
—Acércate —gritó Narciso.
—Acércate —respondió la ninfa.

Narciso, que creía que era uno de sus compañeros que jugaba con él, insistió.

—¿Tienes miedo? Ven cerca de mí.
—Cerca de mí —repitió Eco con dulzura dirigiéndose a él.

Y ella le tiende los brazos. Bajo la fina túnica del joven ve latir su corazón. Ya puede ver el color de sus ojos. Ya se dispone a tocarlo. Pero Narciso con mucho desdén, ¡le vuelve la espalda y huye!

Eco se queda pálida y también huye. Ningún bosque, ninguna cueva son lo suficientemente profundas como para ocultar su tristeza. La vergüenza de haber sido rechazada y el sufrimiento que siente corroen su corazón y su cuerpo. Ni bebe ni come. Se deja morir. Sus miembros se resecan, su carne se vuelve como de piedra. Sin em-

«Narciso contempla lo que ve y le parece admirable. Quiere acariciar ese rostro...»

bargo, de aquel cuerpo que ya no lo es, se escapa una plegaria:

—¡Oh, Némesis, diosa que vengas a los amantes defraudados, haz que Narciso, lo mismo que yo, no consiga jamás el objeto de su amor!

Eco murió. Solamente su voz sobrevivirá y Némesis escuchará su oración.

Existe en el bosque una fuente de aguas cristalinas a la que ningún ser se ha acercado jamás para calmar su sed: ni el pastor con su rebaño, ni los pájaros que anidan en las ramas, ni la bestia salvaje cuando persigue su presa.

A su alrededor crece una hierba verde y tupida y los enormes troncos de los árboles se juntan en lo alto, impidiendo que el sol caliente este manantial que se mantiene siempre fresco. Es hacia ese lugar adonde una acalorada cacería conduce los pasos de Narciso. Entusiasmado por el lugar, el joven se tumba para descansar. Siente sed. Se incorpora y se inclina sobre el agua para beber. Del agua surge la imagen de un rostro. Sorprendido por esta aparición, Narciso se queda paralizado. Se queda fascinado por esos ojos que le miran. Sin saberlo, Narciso contempla lo que ve y le parece admirable. Quiere acariciar ese rostro. Sus manos se sumergen en el agua pero la imagen se fragmenta en círculos que nunca permanecen quietos. Después de un instante, el rostro se vuelve a reconstruir. Narciso sonríe: y el rostro le sonríe. Duda un momento y extiende de nuevo la mano: unos dedos dubitativos se acercan a los suyos. Narciso habla y, en los labios de la boca deseada, lee unas palabras que no entiende.

—¿Por qué no puedo alcanzarte? ¿Por qué permaneces tan lejos de mí?

Se inclina para aproximarse y los labios besan el agua helada del manantial. Narciso entonces lo entiende: ¡es su rostro, ¡es su reflejo! El joven se queda enloquecido. Quisiera arrancarse la piel, quisiera separase de sí mismo, que su reflejo sea otro para poderle amar. Los amantes separados por el ancho mar, por la más grande de las montañas, por los caminos más largos son menos desgraciados que él. Hasta ese día no había amado a nadie porque no se había fijado en nadie. Hoy por fin sus ojos se abren, pero se ve a sí mismo. La palabra de Tiresias se ha cumplido: Narciso muere de desesperación al haberse contemplado. Inclinado sobre el agua, el joven olvida el tiempo, el cansancio, el hambre. Se hace de noche, vuelve a amanecer y Narciso continúa allí. Durante varios días contempla su imagen sin conseguir saciar de amor su ávido corazón. Muere con la esperanza de un abrazo imposible.

Los días han transcurrido. Narciso con los ojos abiertos ya no ve la luz: la muerte lo ha llevado al reino de los Infiernos donde, inclinado sobre las aguas del Estigio, aún se sigue contemplando...

Al conocer su muerte, todas las divinidades de las aguas fueron a llorarle: las dríadas, sus hermanos, y las náyades, sus hermanas. Se mesaban sus lindos cabellos en señal de duelo. Las montañas, los bosques resonaban con sus gemidos, que Eco amplificaba uniéndose a ellos. Pero, cuando para los funerales las náyades llegaron al cristalino manantial, el cuerpo de Narciso había desaparecido.

Entre la hierba verde y tupida, donde había estado el cuerpo de Narciso, había brotado de la tierra una flor de pétalos blancos con el centro de color azafrán: el narciso.

Juegos

— V —

Eco y Narciso

1 Crucigrama

Encuentra los nombres de personajes de esta historia. Las letras que forman las palabras están desordenadas.

HORIZONTALES
1 - SNIEEMS: nombre de la diosa que venga a las mujeres abandonadas.
2 - TOGSIIE: río de los Infiernos.
3 - SETAIRSI: nombre de un famoso adivino.

VERTICALES
A - RIDDAA: ninfa.
B - ONICSRA: nombre de una flor.
C - ELORPII: nombre de la madre del héroe de esta historia.
D - FOSICE: nombre del padre del héroe de esta historia.

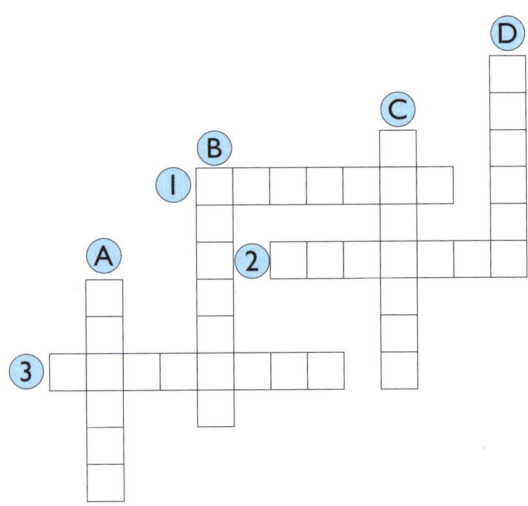

Documentación
— V —

Los oráculos

Según los antiguos griegos, los dioses conocían el futuro, mientras que los hombres lo ignoraban. Los oráculos nacen ante el deseo de conocer y comprender la voluntad de los dioses. Por este motivo se construyeron templos, lugares sagrados donde los suplicantes se dirigían con la esperanza de obtener una respuesta a sus preguntas.

• Oficiantes de oráculos

La más conocida era la «pitia» o Pitonisa de Delfos. Mediante su palabra, Apolo manifestaba su voluntad. El nombre de pitia tiene su origen en que el dios de la Adivinación era conocido por Pitius. Al principio, ella no manifestaba sus oráculos nada más que una vez al año, al comienzo de la primavera, como continuación de una ceremonia inmutable: después de bañarse en la fuente Castalia, ayunaba durante tres días, masticando únicamente hojas de laurel (planta dedicada a Apolo). Después de haber participado en otras muchas ceremonias, era conducida por los sacerdotes hasta su trípode. Una vez allí, comenzaba a proferir chillidos y gritos, mientras su cuerpo quedaba sometido a frenéticas convulsiones. Tras pronunciar el oráculo, caía en una larga postración. Entonces, los sacerdotes que la rodeaban se encargaban de interpretar, para transmitirlas a los suplicantes, las palabras, muchas veces ininteligibles, que la pitia acababa de pronunciar.

Posteriormente el templo contó con varias pitias.

¿Cómo se las escogía? Eran los sacerdotes los encargados de esta delicada tarea siguiendo unos rigurosos criterios: la elegida debía ser virgen, ser hija legítima y haber sido educada con gran sencillez. Por este motivo, la pitia solía ser de origen modesto.

• Las sibilas

Especie de profetisas, cuyo nombre en griego significaba «voluntad de Zeus».

En su origen eran sacerdotisas de este único dios; posteriormente pertenecieron a otros muchos.

La más conocida, la Sibila de Cumas, donde se encontraba el santuario de Apolo, emitía sus oráculos en una caverna. Después, ella escribía sus predicciones en hojas sueltas.

Hoy día, cuando las palabras o los escritos de alguien no son del todo claros o evidentes, se dice que son «sibilinos».

• Los sacerdotes

El oráculo, es decir la voluntad de los dioses puesta de manifiesto mediante un intérprete, no era siempre fácil de entender. Veámoslo: en Dodona, Zeus «hablaba» por medio del susurro de las hojas del roble... ¡Afortunadamente para el suplicante, los sacerdotes se encargaban de la interpretación!

Otras veces, no se necesitaban en absoluto sacerdotes. Hermes «hablaba» a los hombres de otra manera: el suplicante, después de muchas ceremonias, murmuraba al oído de la estatua del dios lo que quería saber o conseguir. Después se taponaba las orejas hasta que salía del templo y, una vez fuera, la primera palabra que escuchaba era considerada como la respuesta dada por el dios.

• Los adivinos

En la Antigüedad creían poder conocer el futuro mediante los oráculos y los adivinos. Así pues, al tener lugar un nacimiento siempre se les consultaba, como lo hace Liriope al principio de este capítulo.

El adivino más conocido, sin duda, es Tiresias. Aparece en muchos episodios mitológicos. Evidentemente «veía» el futuro, ¡pero estaba ciego! ¿Por qué? Una versión cuenta que un día quiso la mala suerte que se encontrase con Atenea mientras se bañaba desnuda. Ofendida de que la pudiesen ver con su vestido natural, la diosa le castigó con la ceguera. Pero el padre de Tiresias salió en su defensa. Ante sus ruegos, Atenea no quiso retirar el castigo, pero se lo hizo más llevadero, concediéndole el poder de predecir el futuro.

VI

Las aventuras del rey Midas

ÉSTA ES LA HISTORIA DEL REY MIDAS, que estuvo a punto de perder la vida a causa de su amor al oro.

En aquel tiempo, Dioniso, el dios del Vino y de las Viñas, se encaminaba hacia los viñedos del monte Túmulo. Como tenía por costumbre, le acompañaban los sátiros, ménades y ninfas formando un alegre y ruidoso tropel. El aire vibraba con sus risas y gritos. A veces, Dioniso se sentía molesto con los sátiros, esos maliciosos habitantes de las montañas y los bosques, porque provocaban a las jóvenes y lindas ninfas. ¿Qué es lo que hacían? Se divertían escondiéndose en el bosque y cuando las náyades se aproximaban, aparecían ante ellas moviendo sus orejas de cabrito y amenazándolas con sus pequeños cuernos. Se reían de su pánico y las perseguían, más rápidos que ellas, con sus patas y sus pezuñas de cabra.

El viaje se prolongaba mucho, porque cada vez que esta divertida cuadrilla divisaba un viñedo, realizaban una parada para beber el jugo de la divina parra. Al sonido de los ensordecedores instrumentos, todos alzaban sus copas en honor del dios del Vino y a dentelladas mordían los racimos de jugosas uvas.

Después de una de estas paradas, y cuando ya se aproximaban al final, echaron en falta al divertido Sileno. Dioniso, que nunca iba sin su maestro Sileno, se preocupa. Lo buscan, lo llaman. Todo inútil. Y es que Sileno, titubeante bajo el peso de los años y sobre todo del vino, tiene dificultades para seguir a la comitiva. Su corona de laurel se tambalea a cada paso y el sol hace más pesados sus párpados. Atraído por un suave perfume, se ha recostado debajo de un rosal. Sin saberlo, se encuentra en los jardines del rey Midas. Llegan unos criados. Al ver aquellos cuernos sobre un cráneo totalmente calvo, aquella gruesa y chata nariz y ese cuerpo regordete, no tienen dificultad en reconocer a Sileno. Rápidamente trenzaron unos collares de rosas con los que le encadenaron. Cuando se despertó, se encontraba ante el rey Midas. Feliz de estar con aquel que fue el maestro de Dioniso, el rey organizó enseguida unos festejos que duraron nada menos que diez días. Al amanecer del undécimo día, Midas y Sileno se fueron en busca del dios del Vino.

¡Qué alegría cuando se encontraron el maestro y el discípulo! Volviéndose después hacia el rey, Dioniso le dijo:

—¿Qué recompensa quieres, tú que me devuelves a aquel que me ha educado? El deseo que me pidas lo cumpliré. Dime pues.

El rey Midas apenas se tomó tiempo en pensarlo:

—¡Que todo aquello que toque se transforme inmediatamente en oro!

—¿Es eso lo que deseas? ¿Crees inteligente por tu parte pedirme ese favor?

—Sí, ése es mi deseo.

—¿Estás completamente seguro?

El rey movió la cabeza en señal afirmativa. Dioniso tuvo que aceptar.

Una vez solo, muy contento, el rey quiso asegurarse de la certeza de su nuevo poder. Extendió un dedo tembloroso en dirección a un tierna rama. Apenas la había rozado ligeramente, cuando advirtió los leonados reflejos del oro. Ya con un gesto más convencido, cogió una piedra del camino... ¡y quedó transformada en oro! ¿Y aquel montón

De Apolo a Zeus

de tierra? ¡Se convirtió en un denso lingote de oro cuyo peso le hizo tambalearse!

Maravillado, Midas no sabía por dónde empezar. Se dirigió a un trigal y las espigas que recogió se convirtieron en una cosecha de oro. Y esta manzana que tiene entre sus manos se hubiera dicho que proviene del jardín de las Hespérides. Midas se apresuró en llegar a su palacio: ¡todos debían conocer su reciente poder! Las enormes puertas de su palacio resplandecieron cuando las empujó y el agua de la fuente en la que sumergió sus manos fluyó en forma de lluvia de oro.

Ya estaba el sol en lo más alto. Midas estaba hambriento. En el gran salón, los criados habían preparado una mesa con los más apetitosos manjares. Entusiasmado, Midas extendió la mano hacia un panecillo. ¡Horror! Se ha transformado en oro. Los alimentos, que hambriento se disponía a devorar, tomaban, en cuanto los aproximaba a su boca, el pálido color del precioso metal. Incluso el vino que trata de beber toma el aspecto de oro líquido. Espantado, Midas no osa moverse. ¡Cómo! ¡Es totalmente pobre en medio de toda esta engañosa abundancia! ¿Está condenado a morir de hambre y sed? No, toda esta riqueza, todo este oro no lo quiere para nada. Mientras sopesaba el alcance de su loco deseo, llegaron sus hijos. Quisieron abrazarle. Rápidamente, Midas los detuvo con la voz. Después, levantando los brazos al cielo, se dirigió a Dioniso:

—Dios de los Lagares, te ruego perdones mi insensatez. Quítame este poder que de manera tan generosa me has concedido.

Indulgente, el dios le perdonó, ya que había reconocido su culpa:

—¡De acuerdo! Sube hasta el nacimiento del río Pactolo. Una vez allí, sumérgete en sus espumosas aguas para que tu cuerpo quede limpio de tu pecado.

Lo que el rey Midas cumplió dócilmente. De esta manera perdió el poder de convertir en oro todo cuanto tocaba, pero lo transmitió al río Pactolo, que desde entonces arrastra pepitas de oro. Sin embargo, la historia no acaba aquí.

A partir de ese día, el rey cogió pánico a todo lo que significase riquezas. Abandonó su palacio, prefiriendo los campos y los bosques. Se hizo amigo del dios Pan y he aquí lo que le sucedió. A este dios le gustaba sacar melodiosos sonidos con su humilde flauta de caña. Un día, estimulado por las alabanzas de su auditorio (compuesto por Midas y algunas ninfas), se atrevió a declararse superior a Apolo en el arte de la música. Este último aceptó el desafío y llegó trayendo consigo su lira, cuyo marfil estaba engarzado con pedrería. Para la función de juez, escogieron a Tmolo, que se aposentó en su montaña. Para oír mejor, se cuenta que tuvo que apartar de sus oídos los árboles del bosque.

Todos estaban silenciosos. Empieza Pan. Hace sonar su rústica flauta que tanto gusta al rey Midas. A continuación le toca a Apolo: ante el suave roce de sus dedos, las cuerdas vibran y de ellas sale una melodía verdaderamente divina que entusiasma a todo el auditorio. Sin dudarlo, Tmolo le proclama vencedor y el resto también. Únicamente Midas dice que la decisión es injusta.

Por desgracia, su estupidez atrae sobre sí un castigo terrible. Imposible permitir que sus burdas orejas, tan poco educadas en el arte de la música, mantengan una forma humana. Entonces, Apolo las alargó tanto que pronto recordaron las de un animal de paso lento... Por añadidura, el dios no olvidó colocarle unas matas de pelo gris para que su parecido sea aún mayor con las del... ¡asno! Midas abandonó la noble asamblea bajo las burlas y mofas de los presentes.

«Todos estaban silenciosos. Empieza Pan. Hace sonar su rústica flauta que tanto gusta al rey Midas.»

¿Qué puede hacer para ocultar esta imperfección a sus prójimos, a sus criados y a sus súbditos? El rey prueba con todo: vendas de color púrpura que se colocaba a modo de turbante; una alta y pesada tiara, tan molesta que su cabeza se bamboleaba; la caperuza de un abrigo que siempre llevaba puesta.

Sin embargo, existía una persona a la que el rey no podía ocultar sus monstruosas orejas: su barbero, que le afeitaba y cortaba el pelo. Ya le había prevenido: ¡confía este secreto a una sola persona y serás hombre muerto! Durante bastante tiempo el desgraciado barbero no reveló a nadie la malformación del rey, pero el silencio se le hacía duro.

Un día, no pudiendo ya más, se dirigió al jardín, escogió un lugar solitario y cavó un hoyo. Después, inclinándose sobre él, murmuró su pesado secreto y, una vez confesado, lo enterró, cubriéndolo con tierra hasta rellenar el agujero. Ahora que ya lo había revelado podía estar seguro de su silencio, pensaba para sí. Pero unas cañas crecieron exactamente en ese lugar. Cuando alcanzaron una altura suficiente, el viento se entretuvo en agitarlas, en moverlas. Se elevó entonces un zumbido que se acabó transformando en un murmullo que no cesaba nunca: «Midas... el rey Midas tiene las orejas de asno... Midas... el rey Midas... tiene las...».

Juegos
— VI —
Midas

1 Completar

Termina las siguientes frases con ayuda de las palabras de la siguiente relación y descubre los nombres propios del personaje de que se trata.

Relación: pánico - cereales - hermafrodita - narcisismo - odisea.

1 - Cada mañana, muchos niños los utilizan en el desayuno, mezclados con leche, y los devoran con fruición. Se trata de los ...., cuyo nombre proviene de ...., la diosa de las Cosechas.

2 - El caracol es ...., es decir, que es macho y hembra al mismo tiempo. La mitología nos informa que su padre es ...., el mensajero de los dioses, y su madre es ...., diosa del Amor.

3 - El .... es un amor excesivo por uno mismo. Esta palabra proviene, con toda seguridad, de ...., de quien acabas de leer su historia.

4 - El .... es un miedo repentino que provoca la locura. Esta palabra proviene del dios ...., que era muy feo. Este dios era conocido debido a su malsano placer que consistía en aparecer repentinamente ante los pastores, dando gritos.

5 - Vivir una .... es realizar un viaje colmado de aventuras. Esta palabra proviene de ...., personaje mitológico, también conocido por el nombre de Ulises.

2 Los dioses mezclados

Veamos si, hasta el momento, has leído atentamente las fichas de identidad de los dioses. Une el nombre de cada uno con su retrato pasando por las referencias (dibujos o palabras) colocadas en este complicado laberinto.

Apolo   **Atenea**   **Artemisa**   **Dioniso**

Diana

Atenas

Delfos   Febo   Éfeso

Minerva   Baco

a   b   c   d

3 Jeroglífico

Resuelve el jeroglífico y encontrarás el nombre de un personaje enormemente simpático de este capítulo.

Respuesta: ....

Este hijo de Zeus, que disfruta de la vida y los placeres, siempre aparece rodeado de una escolta de (g)raciosos. Existe un nombre masculino que procede de este dios. ¿Sabes cuál es?

Ficha de identidad

Dioniso

Retrato

Joven dios imberbe, sonriente y alegre, con dos cuernecillos en la frente (símbolo de fuerza y poder). Largos cabellos rubios coronados con pámpanos, ojos negros. Lleva un manto de púrpura o también una piel de pantera. Sujeta en una mano una copa y en la otra un tirso (bastón rodeado de yedra, acabado en una piña).

Características particulares

Recorre el mundo enseñando a los hombres el cultivo de las vides. Rodeado continuamente de un cortejo de sátiros y ménades, y de su viejo preceptor Sileno.

Nacido de: Zeus y Sémele, que murió antes de que naciese. Zeus, para que no se enterase Hera, lo escondió en la parte más carnosa de su muslo. Fue educado por las Musas y por Sileno.

Esposo de: Ariadna.

Padre de: seis hijos de Ariadna. Anteriormente sedujo a Altea, que trajo al mundo a Deyanira, futura madre de Hércules.

Profesión: dios del Vino y de los placeres naturales de la vida. También es dios de la Inspiración.

Dirección: nómada, vaga por el mundo.

Animales: el fénix y la pantera.

Plantas: la viña, la yedra y el mirto.

Lugar donde tienen lugar sus oráculos: un templo en Arcadia. En Atenas se celebraban grandes fiestas en su honor: las dionisíacas.

Equivalente romano: Baco.

VII

Faetón y su carro

¿ACASO ERES UN CRÍO para creerte todo lo que tu madre te dice? ¡Mira que creer que Foibos, el dios del Sol es tu padre! Demuéstranoslo si quieres que lo creamos.

Faetón siente el rubor de la vergüenza subir a su rostro. Sin embargo, controla su ira, abandona a sus amigos y cuenta a su madre las burlas de que ha sido objeto.

—No he sabido qué decirles. Tú, que eres mi madre, debes proporcionarme ahora mismo las pruebas de que soy hijo del Sol.

Tanto le suplicó su hijo que Climenea se lo prometió:

—Te lo juro. ¡Que muera, que mis ojos no contemplen jamás el sol, si miento! ¿Y por qué no te presentas en su estancia y se lo preguntas tú mismo? Vete, hijo mío. Así no dudarás nunca más.

Loco de alegría, el muchacho no esperó ni un instante para ponerse en camino. Con la mirada fija en el lugar en el que su padre se elevaba cada mañana, allí se dirigió sin detenerse.

¡Aquel edificio de altas columnas revestidas de oro, con la fachada de marfil y las puertas de plata, no había la menor duda de que era el palacio de su padre! Sin esperar, se introdujo en él, recorrió las enormes salas y al fin llegó donde su padre residía, rodeado de las Estaciones. Faetón reconoció a la Primavera por la corona de flores que adornaba su frente; el Verano llevaba una guirnalda de espigas, mientras que el Otoño lucía una sonrisa embadurnada de zumo de uva prensada, y el Invierno, con sus cabellos blancos, presentaba un rostro austero. Su padre, el Sol, resplandecía tanto en medio de ellas que Faetón no se atrevía a acercarse.

—Hijo, ¿qué quieres de mí? —dijo el dios que todo lo ve y todo lo sabe.

—Padre mío, si es que me permites llamarte de este modo, he venido para que me proporciones una prueba mediante la cual nadie pueda poner en duda, jamás, que yo soy hijo tuyo.

Puesto que quería abrazarlo, el dios pidió a Faetón que se aproximase, no sin antes haber apartado su corona de rayos.

—Tu madre te ha dicho la verdad, y para que no vuelvas a ponerlo en duda, pídeme lo que quieras. Juro por el Estigio, el río de los Infiernos, que te lo concederé.

La cara de Faetón se iluminó.

—¡Déjame conducir tu carro durante todo un día!

—¡Qué lástima!, me pides la única cosa que te debería negar —se lamentó Foibos—. Pero lo he jurado y no puedo volverme atrás. Sin embargo, escucha mis consejos, que harán, eso espero, que renuncies a esta locura...

Pero el padre pudo haberse ahorrado las explicaciones, los argumentos, nada hizo desistir a su hijo. ¡Qué le importaba al fogoso muchacho ser demasiado joven y no suficientemente fuerte como para conducir los rápidos corceles! Le recordó su padre que era mortal y que su vida corría peligro al querer conducir su carro, ya que el mismo Zeus no se atrevía.

Como Faetón no atendía a razones, le describió entonces los peligros, los temores que él mismo, todo un dios del Sol como era, experimentaba cada día cuando realizaba su recorrido por el cielo.

Primeramente, por la mañana, hay una pronunciada pendiente, que los caballos aún descansados tienen grandes dificultades para escalar. A continuación, viene el cenit, ese punto del cielo en el que culmina el trayecto, el terrible vértigo que produce la visión de la tierra y del mar allá abajo, tan lejos. ¡Se te hiela el corazón de espanto! Y por último el descenso, tan vertiginoso y violento, que hasta Tetis, la diosa de los Océanos, teme una caída al fondo de la pendiente de lo desenfrenada que es la carrera de los corceles. Ésas eran las dificultades del trayecto. Pero quedaban los peligros debidos a los animales salvajes que pueblan el cielo: los cuernos de Tauro, el arco de Sagitario, las fauces de Leo, la cola de Escorpio y las pinzas de Cáncer.

¡Todo ello sin tener en cuenta el comportamiento de los indomables caballos uncidos al carro! Un fuego arde en su pecho, brota de sus ollares, y esas llamas les proporcionan una fuerza que el conductor apenas puede dominar. Y el dios del Sol acaba:

—No, tu petición no es un favor, sino más bien un castigo. Me acabas de pedir, hace un momento, una prueba que demostrara que soy tu padre. ¿Mis consejos, mis temores, acaso no son una prueba? ¿No te demuestra esto que soy tu padre? Te lo suplico, renuncia a conducir mi carro y escoge lo que más te guste entre todas las riquezas de la tierra, del cielo y de los mares. Pídemelo, no te negaré nada.

Faetón se había aproximado y abrazado a su padre por el cuello.

—Tus carantoñas son inútiles. Cumpliré tu deseo ya que lo he jurado por el Estigio, pero reflexiona por última vez.

Empecinado, Featón no quiso atender a razones. Después de haber intentado ganar tiempo, Foibos tuvo que mantener su promesa.

A la vista del carro, todo él de oro (el precioso metal también había servido pera la fabricación de los ejes, del mando y de las llantas que protegen las ruedas), el hijo del dios se emocionó. Pero la aurora ya estaba preparada para abrir las puertas del Oriente. Mientras las Horas se afanaban en sacar de su cuadra a los caballos que saltaban impacientes, Foibos

«Enseguida el carro se balancea, rebota, se tambalea sobre su camino, como privado de conductor...»

embadurnaba el cuerpo de Faetón con una sustancia divina que le protegería de las mordeduras del fuego y de las llamas. No pudo dejar de prodigarle una vez más sus consejos:

—No utilices la pica, estos caballos aceleran por sí mismos. Preocúpate, más bien, de sujetar las riendas con firmeza y mantente siempre a igual distancia del cielo y de la tierra, de lo contrario puedes incendiar a uno o a otro. Te aconsejo todo esto, pero ten en cuenta que aún estás a tiempo de renunciar a este imprudente capricho.

Inútiles palabras. Ya Faetón se había subido al carro, con las riendas en la mano y daba las gracias a su padre. Los mismos caballos escupían fuego relinchando impacientes. En cuanto las puertas se abrieron, se lanzaron. Sus nerviosas patas golpearon el aire y rompieron la masa de nubes. Van cada vez más deprisa, ya que les parece que el carro es más ligero de lo normal. Enseguida éste se balancea, rebota, se tambalea sobre su camino, como privado de conductor. Los corceles, embriagados de la nueva libertad, abandonan el camino. El miedo se apodera de Faetón. No sabe de qué rienda tirar, puesto que ignora completamente el recorrido. Pero, aunque lo supiera, los caballos no le obedecerían.

Entonces, por primera vez, las tierras recubiertas de hielo supieron lo que era la quemadura del sol. Y cuando Faetón se inclinó para observar la tierra, la sangre se le heló. Se puso a temblar al observar el abismo que se extendía bajo él. En ese momento, es consciente de su locura, ahora se arrepiente de su cabezonería. ¿Qué puede hacer? Ante él se encuentra el poniente pero está demasiado lejos para poder alcanzarlo. Detrás de él, el oriente. Permanece indeciso. De pronto ante él ve a Escorpio del que su padre le ha hablado. El corazón le falla a la vista de su dardo preparado y completamente humedecido con su negro veneno. Es demasiado: Faetón, enloquecido de pánico, suelta las riendas. Nadie es capaz de detener el carruaje desbocado. Tan pronto se eleva hacia el firmamento, iluminando el universo, como cae en picado sobre la tierra, haciendo desaparecer todo a su paso. ¿Las nubes?, evaporadas. ¿El suelo?, cuarteado. ¿Las aguas?, desecadas. ¿Los cultivos?, reducidos a cenizas. ¿Y qué decir de las ciudades devastadas por las llamas, de los pueblos desaparecidos? En cuanto a Faetón, busca recuperar el aliento, asfixiado por este aire saturado de pavesas y cenizas. Sumergido en la oscuridad, no sabe adónde va, ni dónde se encuentra.

La Tierra, destruida y sedienta, dirige a Zeus esta plegaria:

—¿Qué he hecho para merecer este castigo? ¿No he aceptado las heridas del arado para poder alimentar al género humano? ¡Y si merezco ser destruida, al menos que sea con tu rayo! Pero castigando de esta forma los mares, el cielo, la tierra, el mundo vuelve al caos original. Te lo pido, salva lo que aún puede salvarse.

Zeus escuchó esta plegaria y después de haber oído el consejo de todos los dioses, se dirigió al lugar más elevado desde donde tenía costumbre esgrimir y lanzar el rayo. En medio del estruendo del trueno, lo alzó. El dardo salió y con un solo gesto, Faetón perdió el equilibrio y la vida. Los caballos se desplomaron, para acto seguido, mediante un fuerte tirón de riendas, levantarse y libres de sus cinchas desaparecer. Solamente quedaron aquí las riendas, allí un eje averiado, más lejos una rueda rota. El cuerpo de Faetón, gira y se despeña al abismo. Sus cabellos se incendian y dejan en el aire una cola de fuego. Por fin cae, lejos de su patria, en el otro extremo del mundo.

Las Náyades de Hesperia recogieron y amortajaron el cuerpo del joven muchacho, no sin antes grabar en la roca estas palabras:

«Aquí habita Faetón, quien condujo el carro de su padre».

Avisadas de esta trágica muerte, las hermanas de Faetón acudieron con presteza. Recostadas sobre la tumba, gritan el nombre de su hermano noche y día, y se golpean el pecho en señal de duelo.

En el cielo la luna ya ha efectuado su recorrido completo. Brilla, completamente redonda, iluminando las pálidas siluetas en duelo. La mayor quiere echarse en tierra para honrar el recuerdo de Faetón, pero se queja de no poder hacerlo: sus talones no pueden despegarse del suelo. La más pequeña, preocupada en socorrerla, quiere abrazarse a ella. Y también se queja: una raíz nacida de sus pies se lo impide. Desesperada ante la desgracia que acaba de caer sobre sus dos hermanas, la tercera se arranca los cabellos. Pero de sus manos, se escapa un puñado de hojas. Mientras que otra ve cómo sus piernas se transforman en tronco, la última siente sus brazos estirarse en flexibles ramas. Apenas han tenido tiempo de asombrarse cuando una musgosa corteza recubre estrechamente su vientre, su cuello y sus hombros hasta la extremidad de sus dedos. Únicamente la boca permanece libre y llama a su madre. Ésta aparece enseguida. La pobre madre corre de una a otra, besando sus bocas suplicantes. ¡No, esto es demasiado! Después de haber perdido a su hijo, no puede resignarse al nuevo aspecto de sus queridas hijas. Con las uñas, con sus viejas y febriles manos, se esfuerza en arrancar la corteza, las hojas y las ramas. Mientras se afana presurosa, murmura a cada una de ellas las tiernas palabras que utilizaba en su infancia y unas gotas de sangre aparecen en cada rama quebrada, en cada nudo pelado.

—¡Madre, ten compasión! –gritan las bocas–. Es nuestro cuerpo al que tú dañas al herir los árboles en que nos hemos transformado...

Pero la corteza ahoga enseguida sus bocas al mismo tiempo que sus voces. Estupefacta, la madre ve cómo el tronco se perla de gotas que se solidifican en cuanto aparecen.

Las dolorosas lágrimas de las hijas de Helio se habían transformado en gotas de ámbar...

De Apolo a Zeus

Juegos
— VII —
Faetón

1 Completar

Cultura general Sin duda has reconocido, entre los animales descritos por Apolo, los signos del zodiaco... Así es, los griegos dividieron el cielo en 12 partes, cada una de las cuales contenía una constelación que recordaba la forma de un animal.

Descubre el signo del zodiaco al que hacen alusión las siguientes frases.

Relación: toro - sagitario (el centauro) - león - escorpión - cangrejo.

A - Hércules le asfixió en el bosque de Nemea y llevó su piel sobre sus hombros.
Respuesta: el ....

B - Zeus tomó el aspecto de este animal con cuernos para perseguir a la ninfa Europa.
Respuesta: el ....

C - Hera envió a este animal con pinzas para morder el talón de Hércules mientras luchaba contra la hidra de Lerna.
Respuesta: el ....

D - Artemisa le mandó picar con su cola el talón de Orión.
Respuesta: el ....

E - Animal fabuloso con busto de hombre y cuerpo de caballo.
Respuesta: el ....

2 Adivinanza

En este capítulo se habla de Foibos; éste es su nombre mientras conduce el carro del Sol, ¿Qué otro nombre tiene también?
Respuesta: ....

Documentación
— VII —

Tetis y Aquiles

En este capítulo, se habla de Tetis, la diosa de los Océanos, que cada tarde temía que el carro del Sol se estrellase contra el mar. Tetis es una divinidad marina que personifica las olas del mar. Su belleza hizo que se fijasen en ella, a la vez, Zeus y Poseidón. Zeus se enamora de tal manera que se plantea repudiar a Hera, su mujer, para unirse a ella, pero por medio de un oráculo conoce que el hijo de Tetis llegará a ser más poderoso que su padre. Ante esta noticia, a los dioses rivales sólo les preocupa una cosa: encontrar entre los mortales un esposo para Tetis. La suerte designa a Peleo y enseguida se celebran en el Olimpo las bodas de ambos. Algún tiempo después, Tetis da a luz un niño, Aquiles. Ahora bien, al nacer, la diosa consulta a un oráculo para conocer el destino de su hijo: «Tetis, has de saber que la vida de Aquiles será corta y gloriosa, o larga y vulgar». Entonces Tetis quiere proteger a su hijo de los peligros mortales de la guerra. Para ello sabe que debe sumergirlo en el agua del Estigio, que posee la propiedad de volverlo inmortal. Cogiendo a su hijo por el talón derecho, le sumerge un instante en el río. «Ninguna flecha, ninguna lanza ni espada podrá, de ahora en adelante, poner en peligro la vida de Aquiles», se tranquiliza Tetis, mientras saca al niño del agua.

Por desgracia, la pobre madre había olvidado que, para bañar al recién nacido sin que se ahogase, lo había sujetado por el talón: esta parte del cuerpo de Aquiles permanecía por lo tanto vulnerable... Y, en el transcurso de una batalla, murió con el talón atravesado por una flecha. Su vida fue corta pero gloriosa, ya que el poeta Homero narró en la *Ilíada* las hazañas del hijo de Tetis y Peleo.

La expresión «es su talón de Aquiles» indica que se trata del punto débil de una persona.

VIII

Orfeo y Eurídice

ORFEO ERA HIJO DE CALÍOPE, la Musa de la Elocuencia. Como ella, cautivaba a todos los que le escuchaban, y mientras su madre hablaba, la amenizaba con los sonidos de su lira. Su padre era el rey tracio Eagro, famoso por sus hazañas, aunque Orfeo le sobrepasó en los prodigios realizados. Fue él quien durante la expedición de los Argonautas evitó que las sirenas diesen muerte a los marineros atraídos por sus hermosas voces. Enmudecidas por los maravillosos acordes de su instrumento, dejaron escapar la nave que debían retener. Y así, al final del viaje, Jasón pudo hacerse con el Vellocino de Oro, ya que Orfeo adormeció al terrible dragón que lo protegía. Pero su memoria quedó grabada en el recuerdo de los hombres porque se atrevió a descender al reino de los muertos.

Orfeo estaba enamorado de la ninfa Eurídice, con la que se casó. El día de la boda en el claro del bosque donde se levantan las mesas para el banquete, Orfeo toca la lira para la bella ninfa. Todo el mundo le escucha. La misma Eurídice baila. El ritmo de la música la arrebata y la hace alejarse. Pero una mano la detiene. Es la de Aristeo, el hijo de Apolo, que desde hace mucho tiempo también la ama. Trata de conseguirla, incluso violentamente. Eurídice grita, pero nadie la escucha. En el forcejeo logra escapar, corre y corre por la pradera que la separa de Orfeo. Oye tras ella el jadear de su perseguidor. Sus pies apenas tocan la tierra. Sólo tiene la mirada puesta en su esposo hacia el cual encamina todas sus fuerzas. No ve oculta en la hierba una serpiente que, golpeada por el suave roce de su pie, levanta bruscamente sus anillos y clava los colmillos en la blanca piel.

Exactamente en ese momento, en su palacio de bronce, Átropos, la inflexible Parca, corta el hilo de la vida de Eurídice.

Orfeo se vuelve loco de dolor y llora durante mucho tiempo junto al cuerpo inerte. Por fin se levanta.

—Eurídice, me reuniré contigo en el reino de los muertos y suplicaré a Hades y a su esposa que te dejen volver a mi lado.

Y se fue. Anduvo hasta llegar a la puerta de la caverna de Matapan en Grecia, detrás de la cual discurrían las negras aguas del Estigio. A la entrada se encontraba, atado por espantosas serpientes, Cerbero, el perro de las tres cabezas, fiel guardián de los Infiernos. Sus tres babeantes fauces, erizadas de horribles colmillos, infundían respeto al pueblo de los muertos. Orfeo se acercó. En cuanto su lira se puso a vibrar, Cerbero se quedó dormido. De modo que pudo continuar su camino. En medio de las sombras que le rodean, continúa su marcha sin temor. Una vez llegado al Tártaro donde se aposentan los dioses de los Infiernos, se detiene, afina su lira y canta:

—Soy Orfeo, oh dioses. Me he atrevido a cruzar el límite que separa a los vivos de los muertos para pediros un favor: devolvedme a mi esposa, a Eurídice, muerta por la mordedura de una serpiente. Supuse que mis lágrimas calmarían mi dolor, pero mi pena es demasiado grande, mi amor demasiado fuerte y Eurídice demasiado joven para morir. Sé de sobra que todos nosotros nos reuniremos con la innumerable muchedumbre que aquí se encuentra a mi alrededor. Eurídice allí tiene su sitio, pero es demasiado pronto. Recomponed, os lo pido, el hilo de su vida prematuramente roto. Sin mi amada Eurídice, no quiero vivir más y aquí me quedaré si no puedo regresar con ella.

Las sombras de los muertos escuchan esta firme y hermosa voz. Les recuerda la luz que nunca más verán y el calor que antes sintieron corre por sus venas. Escuchan... Tántalo, encadenado, ya no oye fluir el agua hacia la que hace sólo un momento se volvía su boca. Sísifo se encuentra sentado sobre su roca y las Danaídes no consiguen llenar sus toneles del agua que siempre se escapa.

Hades está emocionado. Ha reconocido en el amor de Orfeo el amor que él mismo tuvo por Perséfone, su querida esposa.

—Acércate –le dice a Eurídice–. Te autorizo a que regreses con los vivos. Y tú, Orfeo, sírvele de guía, volved allá, pero con una condición: no te vuelvas jamás para mirarla antes de haber llegado a la luz del día, de lo contrario, la perderás por segunda vez.

Orfeo va delante de Eurídice. Sus pasos resuenan en el amplio y silencioso lugar. Todo está oscuro. El sendero que toman es estrecho, abrupto, cubierto por una espesa niebla. Sin embargo, a lo lejos, se puede ver la tierra iluminada. Orfeo no puede más, acuciado por abandonar estos lugares espantosos e impaciente por abrazar a la que ama. De pronto se acuerda de la herida en el pie de Eurídice. ¿Y si ella se hubiese retrasado? ¿Y si ya no le siguiese? Olvidando la prohibición del dios, se vuelve y, a continuación, ve cómo Eurídice desaparece andando hacia atrás. Los dos amantes quieren desesperadamente tocarse, agarrarse, pero sus manos sólo alcanzan a tocar el vacío y rápidamente el pálido espectro de la joven desaparece completamente entre las tinieblas. Orfeo se queda inmóvil, mudo de terror. Después se rehace y trata de franquear de nuevo el Estigio, pero Caronte, el intransigente barquero, le rechaza...

Durante siete días completos, en el lúgubre reino resonaron los lamentos de Orfeo. Siete días completos suplicando en vano a los dioses, siete días en los que por todo alimento no tuvo nada más que su amor, su sufrimiento y sus lágrimas.

Entonces, rendido, Orfeo se marchó a vivir a Tracia, en el monte Ródope. Y todos sus días transcurrieron cantando a la muerta. En cuanto el sol aparecía, su clamorosa lira y su voz comenzaban a sonar y sólo se detenían cuando el sol llegaba a su ocaso. Durante ese tiempo, ciego a todo lo que le rodeaba, no percibía los prodigios que su música realizaba: aquel lugar árido, desnudo a causa de la fuerza del sol, ahora era un lugar umbrío... ¡Y es que, bajo el poderoso encanto de Orfeo, los árboles andaban! El roble de altanero follaje, el frágil avellano, el arce de los mil matices, el endeble tamarindo, el loto tan amigo del agua, el siempre verde boj, todos habían venido. Y los pájaros silenciosos, encaramados en las ramas, escuchaban. El río y el riachuelo habían detenido su discurrir hacia el mar para oír el triste y melodioso canto de Orfeo. Cautivadas, las feroces bestias abandonaban sus madrigueras para tumbarse a los pies del músico, con el morro escondido entre sus patas. También las piedras abandonaban el camino y se apresuraban a estar cerca de él.

Se encontraban allí unas muchachas que vivían en el valle y que se habían acercado para escucharlo. Desde hacía mucho tiempo, sentían lástima por el joven. Tiempo atrás, sus hogares se habían quedado vacíos, sus patios silenciosos. El tiempo pasaba y ellas habían querido consolarlo. ¡Lo haría aquella que fuese la más bella! Sacaron de su arcón sus más hermosos vestidos, se pintaron sus grandes ojos, lucieron sus largos cabellos... Pero nada aliviaba a Orfeo de su tristeza.

«Olvidando la prohibición del dios, se vuelve y, a continuación, ve cómo Eurídice desaparece andando hacia atrás.»

¡Cómo! ¡Las desdeñaba! El odio se puso a la altura de los esfuerzos que habían realizado para seducirle. Se rieron de él, regresaron a su valle y luego lo olvidaron. Pero cierto día que celebraban una fiesta en honor de Dioniso, en un cercano bosque, escucharon su lira.

—¡Ahí está! –dijo una de ellas–. Ahí tenemos al que nos desprecia. ¡Venguémonos!

Y ascendiendo a la colina, recogieron piedras.

En cuanto Orfeo apareció, le lanzaron las piedras; pero éstas, seducidas por la voz del músico, se detenían en su trayectoria para después caer a sus pies. Enrabietadas, estas odiosas mujeres gritaban, chillaban tanto que sus gritos se superponían a la voz de Orfeo. Entonces el encanto se rompió: las piedras dieron en el blanco y se tiñeron de sangre. Borrachas de vino y venganza se precipitaron sobre el cuerpo ya sin vida y le arrancaron los miembros, la cabeza, y lo lanzaron al Hebre. Entonces tuvo lugar un prodigio: mientras que la corriente arrastraba la cabeza de Orfeo, sus labios aún murmuraban el nombre de Eurídice. Cerca de la orilla, en la isla de Lesbos, un monstruo marino quiso tragarse los restos del desgraciado. Pero, justo en el momento en que abría sus enormes mandíbulas, Apolo lo transformó en una roca. Los habitantes de la isla reagruparon los miembros dispersos de Orfeo y realizaron los ritos funerarios sin los cuales no habría podido entrar en el reino de los muertos. En los Campos Elíseos se encontró con Eurídice. Durante mucho tiempo la tuvo abrazada contra él, y aún hoy no cesa de cantarle y mirarla.

Sin embargo, Dioniso vengó la muerte del músico. Cuando el alegre dios se enteró de la horrible noticia, acudió con rapidez, montado en su carro tirado por robustas panteras. Por todos los lugares, en los montes, en los bosques, los desolados pájaros, las salvajes bestias y las duras piedras lloraban la muerte de aquel que tanto los había entusiasmado. En señal de duelo, los árboles se habían despojado de su verde cabellera y no proporcionaban sombra a los pastores. En el momento en que Dioniso descubrió a las mujeres asesinas, pisoteando la tierra todavía enrojecida con la sangre de Orfeo, extendió las manos sobre ellas. Éstas reconocieron a este dios coronado de púrpura, pero ese día su larga y rubia cabellera no brillaba tanto como sus negros ojos repletos de ira. Lo que desean es huir, pero los dedos de sus pies se alargan, crecen y ven cómo su extremidad se hunde en el suelo. Como el pájaro, cuya pata queda presa en la red del cazador y se agita para escapar, pero lo que hace es apretar aún más sus lazos. Así, cada una de ellas, firmemente sujeta por estas flexibles raíces, trata desesperadamente de escapar. Pero la fibra leñosa trepa a lo largo de sus contorneadas piernas y sus caderas. Febrilmente, con sus manos intentan liberarse de ella, mientras que sus gritos quedan sofocados en su pecho ya recubierto por la corteza. Su cuerpo es ya madera y son ramas sus brazos.

Éste fue el castigo de Dioniso, que no quiso que este odioso crimen quedara impune.

Juegos
— VIII —
Orfeo

1 Cada uno con su pareja

Existen muchas parejas célebres como la de Orfeo y Eurídice. Pero, por desgracia, en este juego han sido separadas. Únelas de nuevo.

Mujeres	Hombres
Isolda •	• Zeus
Ginebra •	• Paris
Helena •	• Lanzarote
Hera •	• Tristán
Eloísa •	• Abelardo

2 Mensaje codificado

Se dice que la madre de Orfeo era la Musa de la Elocuencia. ¿Conoces a las nueve musas, hijas de Zeus y de Mnemósine, la diosa de la Memoria? Descubre el nombre de seis de ellas ayudándote del siguiente código:

A = ⇔   E= ⇐   I= ⇒   O= ⇑   U= ⇓

1 - La Musa de la Historia: CL ⇒ ⇑
2 - La Musa de la Poesía: ⇐ R ⇔ T ⇑
3 - La Musa de la Música: ⇐ ⇓ T ⇐ R P ⇐
4 - La Musa de la Danza: T ⇐ R P S ⇒ C ⇑ R ⇐
5 - La Musa de la Comedia: T ⇔ L ⇒ ⇔
6 - La Musa de la Astronomía: ⇓ R ⇔ N ⇒ ⇔

De Apolo a Zeus

3 Crucigrama

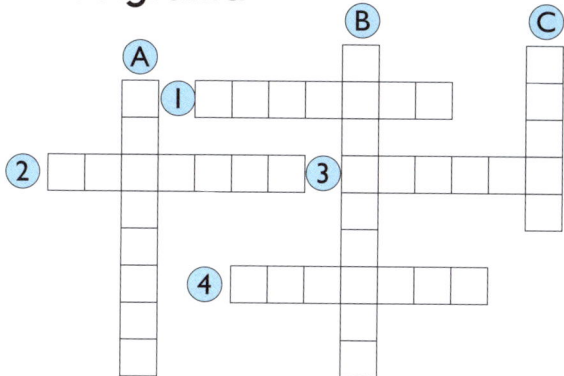

HORIZONTALES
1 - Perro de tres cabezas, guardián de los Infiernos.
2 - Lugar situado en los Infiernos donde se halla el palacio del dios de los Muertos.
3 - Mientras escucha a Orfeo, deja de empujar su roca y se sienta.
4 - Nombre de la Parca que corta el hilo de la vida a los mortales.

VERTICALES
A - Nombre de aquella a la que Orfeo va a buscar a los Infiernos.
B - Nombre de la esposa del dios de los Infiernos.
C - Nombre del conquistador del Vellocino de Oro.

4 Charada

Mi primera es medio persa.
Mi segunda, la sé.
Mi tercera es medio fofa.
Y mi cuarta, casi un nene.
Mi total es la esposa de Hades.

Respuesta: ....

Documentación
— VIII —

Las Parcas

Las tres Parcas eran las divinidades encargadas del nacimiento, de la vida y de la muerte de los hombres. Estaban representadas por Cloto, Láquesis y Átropos bajo la figura de tres hilanderas. Cloto (en griego, «hilar»), vestida de azul claro, mantiene el hilo, símbolo de la vida humana, enrrollado sobre el huso de la rueca. Láquesis («la suerte»), vestida de rosa, da vueltas al hilo del huso. Por último, Átropos («inflexible»), vestida de negro, corta inexorable el hilo cuando la hora de morir llega para un mortal.

El mundo de los Infiernos

Los Infiernos son lugares subterráneos a los que descienden las almas después de la muerte para ser juzgadas. Allí reciben el castigo por sus faltas o bien la recompensa por sus buenas acciones. Los Infiernos se dividen en cuatro regiones principales:

La más próxima a la Tierra es el Erebo. Allí se encontraba el palacio de la Noche y el de los Sueños (Morfeo). En ella habitaban: Cerbero, Tánatos, dios de la Muerte, y las Erinias («Furias»).

El Infierno es la segunda región. Allí sufrían toda clase de torturas los malvados. Sus almas se sumergían alternativamente en estanques helados y en lagos de azufre y pez hirviendo. Unos fétidos pantanos y ciénagas o también aguas ardiendo hacían que toda huida fuese imposible.

El Tártaro, rodeado por un muro de bronce, era la prisión de los dioses. Allí, además del palacio de Hades, estaban encadenados los Titanes, los Gigantes y los antiguos dioses expulsados del Olimpo.

Los Campos Elíseos era el lugar donde habitaban los dichosos y virtuosos. En ellos se disfrutaba de una eterna primavera, un delicioso descanso y de una eterna y despreocupada juventud.

Hades, uno de los tres dueños del universo para los griegos, tiene algo en común con Artemisa, la diosa de la caza. ¡Encuéntralo!

Ficha de identidad

Nacido de: Cronos y Rea.

Hermano de: Zeus, Poseidón, Hera...

Esposo de: Perséfone, raptada contra su voluntad, ya que ninguna mujer quería vivir en el reino de los Muertos.

Padre de: no tuvo hijos.

Profesión: dios de los Infiernos y de los Metales preciosos ocultos bajo la Tierra.

Dirección: reino de los Muertos, bajo tierra, que raramente abandona.

Animal: Cerbero.

Árbol: el ciprés.

Equivalente romano: Plutón.

Retrato

Anciano de tupida barba, de rostro arrugado y aspecto severo. Frecuentemente representado con su casco y sosteniendo un tridente o una lanza.

Características particulares

Su color preferido es el negro. Únicamente le sacrifican animales de color oscuro y siempre en número par. Tiene un casco, regalo de los Cíclopes, que le hace invisible.

IX

Dánae

A CRISIO, REY DE ARGOS, se encontraba desolado por tener nada más que una hija, Dánae. Pasan los años y decide ir a consultar con el oráculo de Delfos. Más le valiera no haberlo hecho: la sacerdotisa no sólo le anunció que no tendría ningún hijo varón, sino que el hijo de Dánae lo mataría.

En cuanto regresó a la ciudad, Acrisio decidió encerrar a su hija en una torre de la que no saldría jamás. Por si fuera poco, informó a todo Argos de que a cualquier hombre joven o viejo que intentase acercarse a ella lo mataría.

¡Pobre princesa! Allí encerrada no podía ver la claridad del día nada más que por la claraboya de la torre. Sus lloros no fueron suficientes para conmover a su padre y ahí está condenada para siempre a la soledad.

Cierto día que la joven, sentada en su torre, meditaba acerca de su tristeza, un resplandor desgarró el cielo y una lluvia de oro la inundó, haciéndola refulgir como una joya. Sorprendida y temerosa, su primera intención fue huir, pero en ese momento una gran plenitud la invadió, dejándola inmóvil sobre el lugar...

Cuando al cabo de unas semanas observó que su vientre se redondeaba y que de vez en cuando se estremecía, comprendió que estaba esperando un hijo y no dudó ni por un instante de que Zeus estaba en el origen de este misterio. La felicidad de ser madre hacía que cada día estuviese más bella. Cuando llegó el final del embarazo, Dánae tuvo miedo: debía encontrar el medio de ocultar al bebé, por temor a que Acrisio lo descubriera. Con los años, la ternura había abandonado el corazón de éste y cuando venía a visitarla lo hacía con la única intención de interrogarla a fondo y de este modo asegurarse que nadie había llegado en su ausencia. Al marchar, inspeccionaba cuidadosamente que todas las puertas estuviesen bien cerradas y que ninguna salida había sido forzada. A pesar de las precauciones del rey, Dánae consiguió ocultarle su estado y, nueve meses más tarde, trajo al mundo un niño al que puso por nombre Perseo. El amor que sentía por él la hizo ingeniosa para encontrar mil maneras de ocultar a su padre cualquier sospecha.

Un día, sin embargo, el niño, escondido debajo de la cama de su madre, rompió a llorar en el momento en que el rey se marchaba.

—¿Quién llora de este modo? —preguntó.

Al ser descubierta, la joven madre cogió al niño en sus brazos y, meciéndolo para tranquilizarlo, respondió:

—Es mi hijo.

—¿Quién es su padre? —preguntó furioso Acrisio.

—Zeus realiza prodigios —respondió orgullosa Dánae.

Sin entender nada y sin decir una palabra, el rey abandonó a su hija. Transcurrieron algunos días sin que volviese a verla. Dánae pensó entonces que su padre la había perdonado y que dejaría vivir a su niño, al hijo de Zeus. Confiada, dio rienda suelta a su amor maternal sin ocultarse de nada. Todos los días subía con Perseo a lo alto de la torre. Allí, en cuanto se sentaba, describía los animales que las maravillosas nubes dibujaban, y el niño escuchaba atentamente cada palabra de su madre. De vez en cuando, lo observaba durante largo rato, asombrándose a cada momento de cualquier progreso que experimentaba con el paso de los días.

Pero llegó un día en que los criados de palacio se presentaron para llevársela. Sorprendida, la princesa los siguió, apretando con fuerza a Perseo contra su pecho. Acrisio temía la cólera de los dioses si él mismo daba muerte a Dánae. Así que los encerró a los dos en un arca de madera que colocó sobre un barco. Una vez en alta mar, los marineros la arrojaron al mar y el barco regresó al puerto. El rey esperaba que no le considerasen responsable de una muerte que tenía por segura.

Trataba Dánae de calcular el número de horas transcurridas desde la caída del arca al agua. Oía, sin cesar, cómo las olas golpeaban su frágil embarcación. Y, si las olas hundían este insignificante esquife, ¿qué sería de ellos? Perseo dormía en ese momento, la leche materna había calmado sus lloros. ¿Era de día o de noche? Dánae lo ignoraba. Allí encerrada no podía ver las islas que se perfilaban en el horizonte. De pronto sintió cómo el arca era proyectada hacia delante, para, acto seguido, quedar bruscamente depositada sobre una superficie firme.

Sí, no había duda: las olas cesaron de moverlos. Solamente escuchaba un ensordecedor estruendo que lentamente disminuía de intensidad. ¡Al fin! ¡Zeus se había acordado de su hijo! Afectada por tantas emociones, pudo entonces, sin temor, entregarse al sueño.

Unos golpes secos y repetidos despertaron al niño y a su madre: alguien trataba de abrir el arca. De pronto, la luz del día la deslumbró. Sintió cómo la levantaban, con su bebé siempre sujeto a ella. Al abrir los ojos contempló el rostro de un hombre inclinado sobre ella. Lo mismo que el mar esculpe y cuartea las rocas, el sol había marcado su piel con profundas arrugas. Pero lo que más le chocó era una simpática sonrisa que no olvidaría jamás. Confiada, se dejó transportar, no pudiendo pronunciar ni una sola palabra a causa de la sed que quemaba su garganta.

«Unos golpes secos y repetidos despertaron al niño y a su madre: alguien trataba de abrir el arca.»

Cuando se despertó, una mujer pasaba sobre sus resecos labios un paño húmedo. Y su hijo, ¿dónde se encontraba? La mujer del pescador la tranquilizó, estaba bien. Dictis, su esposo, lo había alimentado con leche de su cabra. Y ahora dormía plácidamente.

—No te preocupes. Te prometo no comunicar a nadie el secreto de tu llegada —terminó la valiente mujer.

—Pero ¿dónde me encuentro?

—Los dioses te han depositado en la isla de Sérifos.

A partir de aquel día, Dánae no supo jamás lo que fue sentirse sola. El pescador y su mujer no sabían cómo agradecérselo a los dioses: a ellos que no tenían hijos, el cielo les concedía dos, ¡a Dánae y a su hijo! Lo que hacía falta ahora era que no les faltase nada. Todos los días Dictis salía con su barca y, todos los días, su esposa preparaba los pescados que él no dejaba de traer. Nunca su huerta se mostró tan generosa. En cada nueva estación, los primeros frutos siempre eran para Perseo. Todos disfrutaban con cada bocado que el niño probaba. Por fin Dánae supo lo que era la felicidad. Había aprendido a ordeñar la cabra, a liar las gavillas de leña que ya llevaba sobre la cabeza sin peligro de que se le cayeran. También Perseo iba creciendo. Dictis le enseñó a zambullirse desde lo alto de las rocas, allá lejos, al otro extremo de la isla y sacar con sus manos peces de suculentas carnes. También sabía, de pie sobre la barca, lanzar las pesadas redes que le proporcionaban los pescados que después venderían en el mercado.

Muchos años transcurrieron de esta manera. Pero la desgracia quiso que el rey de la isla de Sérifos, Polidectes, se fijase en Dánae. La edad y la vida sencilla habían proporcionado al rostro de aquella mujer, aún joven, una paz y una belleza que a todos los que la veían les sorprendía. Polidectes quiso casarse con ella, pero Perseo, ya un adolescente, se opuso con violencia. El rey ideó una trampa para desembarazarse de aquel hijo demasiado molesto. Al cabo de unos meses, dio a conocer su intención de casarse con otra princesa e invitó a todos sus amigos a celebrar con él su cercana boda. Dichoso Perseo de ver que el rey había renunciado a su madre aceptó la invitación. Pero al observar cómo cada uno se acercaba para ofrecerle un regalo, según la tradición, y puesto que él no había traído ningún obsequio, su edad y su orgullo le hicieron perder la cabeza: prometió a Polidectes que le traería lo que él quisiera. ¡Aunque fuese la cabeza de Medusa, una de las Gorgonas!

—En verdad, no podías ofrecerme mejor regalo —respondió acto seguido Polidectes—. Sí, tráeme eso.

Al oír estas palabras todos los invitados se quedaron de piedra. ¿Ignoraba Perseo lo que allí todos sabían de sobra? ¿Qué había sido de la belleza de Medusa desde que osó declararse más bella que Atenea? Sus cabellos que eran la envidia de todas las mujeres, ¡la diosa, furiosa, los había transformado en racimos de serpientes! Sus ojos, que en otro tiempo embrujaban a todos los que la miraban, ahora transformaban en piedra a todo aquel en quien los fijaba. Bien es verdad que era mortal, a diferencia de sus dos hermanas, pero a causa de su terrible poder, ninguno de aquellos que habían intentado matarla había regresado... Por eso, todos ponían en duda que Perseo regresase vivo de semejante expedición sin la ayuda de los dioses.

Temeroso de que su madre condenase un proyecto tan peligroso, Perseo dio un largo rodeo para no pasar por la cabaña donde vivían todos los que él amaba. De lejos, le pareció ver a Dictis colocando los haces de leña. A medida que se acercaba al puerto, se preguntaba el joven dónde se encontraban las Gorgonas. Ninguno de los marineros a los que preguntó le pudo informar, de modo que decidió consultar al oráculo de Delfos, seguro de obtener, de este modo, una respuesta a su pregunta.

—Dirígete al país donde los hombres se alimentan no de trigo sino de bellotas –le aconsejó la sacerdotisa.

¡Qué palabras más extrañas! ¿Tenía que interpretar que debía dirigirse a Dodona, el país de los robles? Se decía que estos árboles, dotados de palabra, eran los transmisores de los mensajes del soberano de los dioses. Se dirigió, pues, al norte, donde llegó después de un largo viaje. Desgraciadamente, nadie pudo satisfacer su curiosidad, y, a pesar de la promesa de una ayuda divina, Perseo comenzó a perder el valor. Durante bastante tiempo deambuló a través de numerosos lugares, lejos del mar. Después se encaminó a Eleusis. En todos los sitios siempre preguntaba a los que se cruzaban en su camino, y siempre obtenía la misma respuesta: nadie sabía dónde se encuentra el país de las Gorgonas.

Sentado a la sombra de un olivo y con la cabeza entre las manos, siente Perseo cómo le invade una inmensa desesperación. No, nunca conseguirá cumplir su promesa... ¿Cómo soportar la irónica mirada de Polidectes, cuando regrese a Sérifos? Imposible. Más le vale no volver a ver nunca más la isla de su infancia.

Fue entonces cuando notó a su lado una presencia muy especial, maravillosa. Levantó la mirada y vio ante él a un joven, o más bien a un adolescente. Lo que más le sorprendió de su persona no era tanto su belleza como la varita de oro que llevaba, así como su sombrero y sus sandalias provistas de unas pequeñas alas. Una súbita alegría difuminó los cansados gestos de Perseo.

—¿Piensas dar muerte a Medusa solamente con las manos? Necesitas armas. Y las encontrarás donde moran las ninfas del Norte. Pero únicamente las Grayas conocen el camino que conduce a ellas –dijo el misterioso viajero.

—Te he reconocido: tú eres Hermes, el mensajero de los dioses. Haré lo que me dices –respondió Perseo con una amplia sonrisa.

Juegos
— IX —
Dánae

1 Prueba de lectura

Enlaza cada nombre propio de la primera columna con la definición apropiada.

1 - Acrisio   a - Isla donde encalla el arca.

2 - Dánae   b - Nombre de las tres mujeres monstruosas entre las que hay una que es mortal.

3 - Sérifos   c - Ciudad en la cual tienen lugar los oráculos de Apolo.

4 - Polidectes   d - Ciudad en la que comienza esta historia.

5 - Las Grayas   e - Madre de Perseo.

6 - Las Gorgonas f - Abuelo de Perseo.

7 - Medusa   g - Transforma en piedra a todos aquellos con los que cruza su mirada.

8 - Delfos   h - Nombre del rey que quiere casarse con la madre de Perseo.

9 - Argos   i - Nombre del pescador que recoge a Perseo y a su madre.

10 - Dictis   j - Sólo tienen un ojo para las tres.

11 - Hermes   k - Nombre del país de los robles.

12 - Dodona   l - Nombre del mensajero de los dioses al que Perseo reconoce.

2 ¿Quién soy?

Descubre a los personajes con ayuda de las siguientes referencias.

A - ¡Qué cruel es Acrisio con su hija y con su nieto! Al encerrarlos en un arca y lanzarlos al mar, desea que los dos mueran. Hay otra historia en la que un recién nacido es colocado en una cesta de mimbre por su madre y el río lo lleva hasta el palacio de un rey.

¿De quién se trata? ....

B - Existe otra leyenda en la que dos gemelos escapan a la muerte del mismo modo. Son recogidos por una loba que los amamanta.

¿De quién se trata? ....

3 Prueba de memoria

Aquí tienes la ocasión de reflexionar sobre las transformaciones que se relatan en estas historias. Rellena el cuadro siguiente. Al principio tienes un ejemplo.

Dánae	Zeus	Lluvia de oro
....	....	laurel
Leucótoe	....	....
....	....	araña
....	Artemisa	....
....	Apolo	girasol

El dios más importante de la mitología griega es Zeus. Los romanos lo produjeron en su mitología, por lo que también tiene un nombre latino. ¿Sabes cuál es?

Ficha de identidad

Nacido de: Crono y Rea.

Hermano de: Hades, Poseidón, Hera, Démeter...

Esposo de: Hera.

Padre de: Tántalo e innumerables niños que concibió tanto con su mujer como con otras divinidades y mortales.

Profesión: supremo soberano de los dioses y de los hombres.

Dirección: el Olimpo.

Animal: el águila.

Árbol: el roble.

Lugares en los que se celebran sus oráculos: Dodona y Olimpia.

Día dedicado a él: el jueves (del nombre latino Iovis [Júpiter]).

Equivalente romano: Júpiter.

Retrato
De porte majestuoso. Lleva barba y abundante cabellera. En una mano tiene el rayo que le forjó Hefesto y en la otra la égida, escudo hecho con la piel de la cabra Amaltea.

Características particulares
Se transforma de mil maneras (cuclillo, toro, cisne, águila, lluvia de oro, caballo...). Esposo infiel.

— X —

Perseo y Medusa

Unos días más tarde, después de atravesar el río Océano y costear el país de los cimerios, Perseo, guiado por Hermes, llegó al de las Grayas. Una vez allí no pareció asombrarse por la luz crepuscular que daba al paisaje un aire fantasmal. En el cielo no resplandecía ni el sol ni la luna, si bien los que se aventuraban a llegar hasta allí no pudieron nunca decir si era de día o de noche. Todas estas singularidades Hermes ya se las había enseñado a Perseo durante el viaje.

De pronto, tres formas, algo menos grisáceas que la luz y marchitas por la edad, surgieron de entre la niebla. Sin hacer ruido, Perseo se acerca, haciéndose tan pequeño como le era posible. Pero, ¡cómo no sentir repugnancia a la vista de estas tres criaturas de cuerpo de cisne y cara arrugada como una cáscara de nuez, pasándose de una a otra el único ojo que por turno les permitía ver! Perseo espera el momento apropiado para actuar, ¡al fin llega! En el instante en que la primera de las Grayas pasa el ojo a la segunda, el joven da un salto y se lo arrebata.

—Pero, ¿a qué esperas? ¡Dámelo ya! —exclama la segunda criatura.

—Acabas de cogerlo.

—¿Yo? ¡De ninguna manera!

—Entonces, ¿eres tú?

—Ni hablar, es ella la que te lo pidió.

—Una de entre nosotras lo tiene, forzosamente...
—¡Desengañaros! —interviene entonces Perseo.
—¿Quién anda ahí?
—Me llamo Perseo. Si deseáis recuperar vuestro ojo, debéis indicarme, primero, el camino que conduce a las ninfas del Norte.

Llenas de temor como unas vulgares gallinas, las tres Grayas se apresuran a informar al joven, interrumpiéndose unas a otras, de las ganas que tenían de que Perseo les devolviese ese único ojo. Satisfecho, se lo devolvió y, siempre en compañía del mensajero de los dioses, se encaminó a esa tierra desconocida donde vivían las ninfas del Norte, poseedoras de los objetos mágicos prometidos por los dioses: las sandalias aladas, un zurrón que adquiría el tamaño de lo que se introducía en él y el oscuro casco de Hades que volvía invisible a todo aquel que lo llevase.

Los dos viajeros, ahora ya provistos con alas en sus talones, alzaron el vuelo para cruzar el Océano y llegar a la isla donde habitaban las Gorgonas. Una vez llegados al término del viaje, y antes de que Perseo comenzara a cumplir la promesa que hasta allí le había llevado, Hermes le entregó su espada. La hoja era tan dura y estaba tan bien templada que las escamas que recubren el cuerpo de Medusa no podrían ni romperla ni mellarla. Después de este último obsequio, el mensajero de los dioses abandonó al joven. A continuación Perseo se encaminó hacia su objetivo.

Repentinamente se detuvo: aquellas sorprendentes formas esculpidas por los vientos y la lluvia, sí... ¡parecían formas humanas! Y esa asombrosa roca que parecía caminar a cuatro patas... ¡era una hiena! De modo que, por todos los lados, y tan lejos como la vista le permitía, se alzaban multitud de víctimas de Medusa. Perseo no pudo por menos que estremecerse. ¿Para qué le servían la espada, las alforjas y el casco si tenía que matar al monstruo a ciegas? Fue en ese momento cuando hizo acto de presencia Atenea, la enemiga acérrima de la Gorgona mortal. Cualquiera hubiese reconocido enseguida a la diosa guerrera.

—Perseo, no temas nada. Toma mi escudo de bronce. Nunca deberás dejar de mirarlo ya que solamente él te permitirá ver a Medusa sin tener que cruzar su mirada con la tuya. Evitarás de esta manera formar parte de este pueblo de estatuas. ¡Adelante!

Ahora, totalmente solo en medio de esas sombras fantásticas, Perseo sigue adelante. Le parece escuchar de pronto un potente silbido. ¿Es quizá Océano, que bate la playa con sus caprichosas olas? No, este ruido es rítmico como de una respiración. No hay duda, en su escudo pulido como un espejo reconoce a las terribles hermanas que duermen. El sueño ha entreabierto sus bocas de las que se escapa una lengua flácida. Sus alas están replegadas y sus costados recubiertos de escamas suben y bajan rítmicamente. Un largo estremecimiento de pánico recorre a Perseo cuando, moviendo su escudo, descubre la maraña de culebras que hacen las veces de cabellera. Se ondulan, silban, se contorsionan.

Haciendo acopio de valor, el hijo de Dánae, sin hacer ruido, se coloca por encima de las Gorgonas hasta que solamente el cuello de Medusa se refleja en su escudo. Levanta entonces su espada y nota durante su descenso que una mano invisible le dirige. De un golpe seco, la cabeza se separa del tronco. Sin dejar tiempo a que Perseo se aleje, brota un soberbio caballo alado, Pegaso, y su jinete armado con una espada de oro, Crisaor. Con toda rapidez, recoge la cabeza y la introduce en el zurrón en un instante. Pero el batir de alas de Pegaso despierta a las hermanas de Medusa. Al contemplar su cadáver decapitado unos gritos espantosos salen de sus gargantas. Y desplegando sus

«Sin dejar tiempo a que Perseo se aleje, brota un soberbio caballo alado, Pegaso...»

enormes alas, baten el aire, buscando inútilmente al asesino, al que el casco ha vuelto invisible. Rápido como el pensamiento, Perseo huye de este embrujado lugar.

Sin miedo a la deshonra ya puede Perseo, desde ahora, regresar a su querida isla, tranquilizar a su muy amada madre y demostrar a Polidectes que para el hijo de un dios nada es imposible. Pero, cuando bordeaba las costas de Filistia en dirección al norte y mientras su corazón soñaba con el dulce regreso, oyó viniendo de abajo una canción de una tristeza infinita. Guiado por esta lastimera melodía, enseguida distinguió una forma pálida sobre un peñasco que el mar recubría de espuma. Hubiera tomado por una estatua de mármol a esta blanca figura si el viento no hubiese movido sus cabellos. Descendiendo un poco más, descubrió a una muy joven muchacha cuya larga y rubia cabellera ocultaba a duras penas su desnudez. Sus tobillos y su cuello estaban adornados de suntuosas joyas. En cuanto la vio supo que sería su amor. Una vez a su lado, observó sus muñecas dañadas por las cadenas que la mantenían sujeta a la roca.

—¿Quién eres y qué país es este en donde se atreven a encadenar a una mujer tan joven y bella como tú?

Sin poder pronunciar palabra debido a los sollozos que atenazaban su garganta, logró al fin decir:

—Me llamo Andrómeda y soy hija de Casiopea, reina de toda la costa que divisas allá lejos. Debo morir, ya que mi madre se ha atrevido a decir que es más bella que las Nereidas. Como castigo, Poseidón inundó nuestras tierras. Mi padre consultó al oráculo y éste le informó de que el dios del Mar quería una reparación por esas audaces palabras. Debía ofrecerme en sacrificio al monstruo marino; si no se le obedecía, destruiría nuestro país. Mi padre se vio obligado a...

Un ruido de cataratas se superpuso a estas últimas palabras de Andrómeda, al mismo tiempo que el mar se abría y aparecía un gigantesco dragón. Golpeando las olas con su tortuosa cola, se abría paso con su pecho sobre la superficie del agua lo mismo que la proa de una nave empujada por las fuerza de los remeros. Muy próximo ya a la joven que gritaba de terror, abre sus inmensas fauces para devorarla. Perseo, que ha ganado altura y cuya frágil silueta sobrevuela al monstruo, cae sobre él a toda velocidad, igual que un águila sobre su presa. Y una vez más golpea con toda su fuerza, con la formidable espada y antes de que el monstruo alcance a Andrómeda, le atraviesa con cien golpes, a pesar de los chorros de agua que la cola del monstruo proyecta sobre él. La espuma del mar se tiñe de rojo, en tanto que el monstruo desaparece en las profundidades. Perseo dispersa la sangre y sumerge en el mar sus manos manchadas antes de romper las cadenas de Andrómeda. Sobre las aguas ya tranquilas reina un gran silencio.

Antes de reunirse con la entusiasmada muchedumbre que había acudido a la costa, Perseo agradeció a los dioses su victoria. Ya en tierra le presentan al rey y a la reina Casiopea. Si les devolvió a su hija, fue para a continuación pedirla en matrimonio.

Algún tiempo después, los dos jóvenes abandonaron Libia, tierra natal de Andrómeda, y regresaron a Sérifos por mar. Durante la travesía, Perseo narró a su joven esposa sus maravillosas aventuras. Andrómeda ya conocía todo sobre su vida y tenía grandes deseos de encontrar en Dánae una nueva madre.

Le parecía que sería capaz de reconocer entre miles la cabaña de Dictis. ¡Sin que Perseo le dijera nada...!

—Es aquélla –le dijo a Andrómeda señalando una casita al borde del mar.

Pero, ¿qué ha ocurrido? La chimenea no humea. El corral de la cabra está vacío y el huerto abandonado... Al divisar a un pescador en la playa, Perseo le acosa a preguntas. Entonces, el hombre le dice que la mujer de Dictis ha muerto hace tiempo. Y Dánae, que seguía rechazando su boda con Polidectes, aun después de la marcha de su hijo, había tenido que huir ante su cólera. ¿Dónde se encontraba? El pescador se negó a decírselo a este joven que se hacía pasar por su hijo. En cuanto al rey, ese mismo día daba un banquete en su palacio. Llevando a hombros su precioso zurrón que aún contenía la cabeza de Medusa, Perseo se presentó allí. Sin dar tiempo a los convidados a reaccionar ante la sorpresa, el hijo de Zeus irrumpió en la sala del banquete y enarboló ante él la cabeza de la Gorgona. Ni uno solo escapó a la mirada de Medusa y todos quedaron inmovilizados en la postura de su último gesto: los ojos sin vida de Medusa conservaban su maléfico poder.

De todas las callejuelas del puerto, de todas las plazas, acudieron los habitantes de la isla. La muchedumbre aclamó a aquel que les había librado de la tiranía de Polidectes. En cuanto Perseo hubo revelado su identidad, se fue en busca de Dictis y de Dánae, que se encontraban refugiados en un templo. La alegría dejó sin habla a la madre, mientras que la emoción provocaba un nudo en la garganta del hijo. No tuvieron necesidad de hablar: simplemente se abrazaron. Ella, diminuta y anciana. Él, en plena fuerza de la juventud, ya desaparecida la fina pelusa de sus mejillas. Una vez pasada la alegría del reencuentro, Dictis lloró cuando Perseo le convenció para que aceptara la corona del reino.

Perseo debía regresar a Argos con su mujer y su madre. Ninguno ponía en duda que Acrisio estaría feliz de verlos. No entraba en los cálculos de Perseo dar muerte a su abuelo, ¡del que no guardaba ningún recuerdo!

Pero no era ésa la intención de los dioses, y el destino ya anunciado por el oráculo debía cumplirse. Una vez en

Argos, Dánae supo que su padre había huido al conocer su llegada. Nadie sabía dónde se encontraba. ¿Qué podían hacer? Perseo, preocupado por extender su fama, decidió ir a Larisa, donde el hijo del rey organizaba unos juegos fúnebres en conmemoración de la muerte de su padre. Una de las pruebas del pentatlón consistía en el lanzamiento de disco. Le llegó el turno a Perseo. Manteniendo con firmeza el disco en la mano, el joven se encoge sobre sí mismo, se decide, gira y lo lanza. En ese mismo instante, un violento vendaval desvía su trayectoria. El pesado proyectil acaba su recorrido en las gradas, dando de pleno a un desgraciado espectador... ¡Acrisio!

De este modo, el viejo rey de Argos murió a manos de su nieto según lo había anunciado el oráculo de Delfos.

Y os preguntaréis ¿qué paso con la cabeza de Medusa? Ahora adorna el escudo de Zeus, que su hija Atenea lleva por él.

En cuanto a Andrómeda y a Perseo, vivieron juntos y su hijo fue nada menos que el abuelo de Hércules.

Pero eso ya es otra historia...

Juegos
— X —
Perseo y Medusa

1 Nombres mezclados

Las casillas del cuadro que tienes a continuación contienen las sílabas de 11 nombres propios contenidos en este capítulo. ¡Te toca reconstruirlos! A continuación completa las frases.

A	FOS	NAS	DA	A	SE	AN
FOS	DEC	SIO		GO	ME	PO
TES	DRO	GOR	RI	NA	NE	PO
CRI	SEI	DO	MES	DES	HA	DEL
A	TE	DON	LI	DO	HER	

1 - Nombre del rey que desea casarse con Dánae: ....

2 - Nombre de la isla donde encallan Perseo y su madre: ....

3 - Medusa es una de las tres: ....

4 - Allí está el más grande de los templos dedicado a Apolo: ....

5 - Allí hablan los dioses para predecir el futuro: ....

6 - Dios que guía a Perseo al país de las Grayas y luego al de las Gorgonas: ....

7 - Esta diosa entrega a Perseo un escudo que le será muy útil: ....

8 - Gracias al casco de este dios, Perseo se hace invisible: ....

9 - Perseo le salva la vida: ....

10 - Dios del Mar: ....

11 - Nombre del abuelo de Perseo: ....

2 Adivinanzas

Atenea cambió en espantosas serpientes sus lindos cabellos e hizo que su mirada tuviera el poder de transformar en piedra a todo aquel que la mirara.

¿Quién es? ....

A la vez caballo y pájaro, esta criatura maravillosa brotó de la Gorgona cuando Perseo le cortó la cabeza.

¿Quién es? ....

3 Etimología

Vocabulario El nombre propio Polidectes tiene la raíz griega *poly-*, que significa «varios». Esta raíz es frecuente en la formación de numerosas palabras.
Por ejemplo, una estatua policromada está decorada con varios (poly-) colores (cromo).

Con ayuda de la lista siguiente, completa las definiciones.

Lista: teísta - glota - gono - gamo.

1 - El polí............... tiene varias mujeres.
2 - Un polí............... es una figura geométrica que consta de varios lados.
3 - Cuando se es poli..............., se cree en la existencia de varios dioses.
4 - Se es polí............... cuando se habla varias lenguas.

Mensajero de los dioses, de sandalias aladas, Hermes realiza otras funciones. Descubre cuáles son.

Ficha de identidad

Hermes

Retrato

Joven de aspecto atlético, imberbe y de cabellos rizados. Aparece, bien desnudo, bien cubierto con una túnica sobre sus hombros. Con frecuencia se le ve sosteniendo en la mano una bolsa y en la otra el caduceo (vara delgada rodeada de dos culebras). Su gorro es redondo y sus sandalias tienen alas.

Características particulares

Muy astuto. Apenas recién nacido, robó los rebaños a Apolo. Consiguió que le perdonase entregándole uno de sus inventos: la lira. Robó a Poseidón su tridente, a Ares la espada y el cinturón a Afrodita. También se dice que fue el inventor de las carreras pedestres.

Nacido de: Zeus y Maya.

Hermano de: Ares, Hefesto y otros muchos (ver la ficha de Zeus).

Esposo de: nadie. Hermes no tuvo esposas legítimas, pero amó a varias mortales y diosas.

Padre de: Hermafrodito, que lo tuvo con Afrodita. Se dice que también fue padre del dios Pan y de los dioses Lares, que concibió con la ninfa Lara.

Profesión: mensajero de los dioses, dios de la Elocuencia, de los Mercaderes (incluso de los Ladrones).

Dirección: el Olimpo, donde sirve la ambrosía en la mesa de los dioses.

Lugares donde se celebran oráculos: Acaya. También era muy venerado en Creta

Día consagrado: miércoles (del nombre latino Mercurio).

Equivalente romano: Mercurio.

— XI —

Adonis

YA HACE CASI NUEVE MESES QUE MIRRA, huyendo de su país natal, anda casi sin detenerse. La larga caminata, el hijo que lleva en su vientre y el remordimiento de una falta que cometió la han agotado. Se desploma en el suelo y murmura:

—No tengo fuerza para seguir viviendo y tampoco tengo el valor de morir. ¡Oh dioses!, encontrad el medio de que escape a la vida y también a la muerte...

En cuanto pronunció estas palabras sus huesos se transformaron en madera y su sangre en savia. Algún tiempo después, el cuerpo de Mirra desapareció y en su lugar se levantaba un árbol de mirra. Cualquiera que se hubiese acercado hubiera podido oír un suave lloro y hubiese podido recoger las tibias lágrimas que se deslizaban por su tronco.

Pero, ahora, el árbol gime: el niño que Mirra lleva quiere salir del vientre materno. Empuja con todas sus fuerzas. La fuerza de su juventud separa la corteza y la madre se queja ante esa presión. La desgraciada quisiera pedir ayuda a la diosa Hera, a ella que acude en ayuda de las parturientas, pero el árbol en que ahora se ha transformado se lo impide. Únicamente las numerosas gotas de mirra que humedecen el tronco indican su sufrimiento. Sin embargo, la esposa de Zeus la ha visto y se apiada de ella. Abandonando el Olimpo, se aproxima, extiende ante ella los brazos y pronuncia las palabras del alumbramiento. Pronto el árbol se abre, dando paso a un recién nacido, que en cuanto se siente fuera lanza su primer grito. Las náyades que acompañan a Hera lo recogen con ternura en sus brazos y con mucha delicadeza lo acuestan sobre la hierba. Una de ellas ha acariciado el tronco y las ramas del árbol, y con sus manos humedecidas de mirra roza levemente el cuerpo del recién nacido, al mismo tiempo que le dice:

—¡Qué bello eres! Tu belleza es comparable a la de un dios. Por este motivo te llamarás Adonis.

El tiempo transcurre. Criado en una cueva por las ninfas, Adonis, bello entre los bellos, se ha transformado en un adolescente. Ahora es un joven del que todas las mujeres, jóvenes y no tan jóvenes, se enamoran. Su fama llega hasta el Olimpo, hasta el monte Cítera en el que a Afrodita le gusta establecerse. Afrodita siente curiosidad. Quiere conocer a ese que inflama todos los corazones. En cuanto la diosa del amor lo ve ya no tiene ojos para nadie más, lo único que cuenta para ella es su presencia. No le cuesta seducirlo y ya no lo abandona. A Adonis le gusta la caza. Y ahí está Afrodita levantando un poco su túnica para recorrer los montes y bosques junto a su bien amado. ¡Ni un descanso bajo las frescas umbrías! ¡Olvida las horas que antes pasaba en acicalarse! Dedica todo su tiempo a cazar animales cuya captura no presenta ningún peligro. Adonis prefiere los jabalíes, los lobos y los leones, ella las liebres y los ciervos. Pero el joven no quiere mostrarse valiente sólo ante la caza que huye de su presencia: quiere enfrentarse a los que le presentan cara.

—Afrodita, no puedo quedarme satisfecho cazando los tímidos animales a los que la naturaleza ha privado de defensas. Si quiero que me admiren, debo medirme antes con los peligrosos...

Adonis no puede continuar, interrumpido por la diosa:

—¡Yo te admiro! Y no quiero perderte. ¡Ante todo evita los leones! Es una casta a la que odio —concluyó Afrodita con voz airada.

—No son menos peligrosos que los jabalíes. ¿Por qué los odias?

—Esta carrera me ha cansado. Descansemos a la sombra de aquel álamo y te contaré el castigo que sufrieron por una falta, muy antigua, que cometieron.

La diosa se tumba, seguida por Adonis. Sin dejar de abrazarlo, empieza la historia:

—¿Has oído hablar de Atalanta, la hermosa mujer que ganaba a todos en las carreras?

Puesto que el joven contesta que no, ella continúa: sintiendo curiosidad por conocer detalles del esposo que tendría, Atalanta fue a consultar con un oráculo que le dijo que más le valiera que no tuviese ninguno. Sorprendida, la joven le preguntó por qué.

> «Aunque vivas, te verás obligada a no ser tú misma.
>
> Atalanta quedó aterrada ante estas palabras, a pesar de que no comprendía completamente su sentido. Y para no casarse, dijo en todos los lugares por los que pasaba:
>
> —Únicamente el que me venza en una carrera podrá casarse conmigo, pero tened claro que a los que yo venza, morirán.»

—¡Qué despiadada condición! ¿Tuvo algún pretendiente? –pregunta Adonis.

—No uno sólo, sino ¡una multitud! Sin tener en cuenta la muchedumbre llegada para asistir a esta carrera de desiguales posibilidades. Entre los espectadores, Hipómenes ocupaba una plaza y hablaba con su vecino:

«Verdaderamente tienes razón. No entiendo que pongan la vida en peligro por conseguir una esposa –dijo Hipómenes–. ¡Están locos!

—¿Has visto a Atalanta?

Como el joven lo negase con la cabeza, Atalanta se presentó. Se quitó sus velos, mostrando su magnífico cuerpo. A partir de ese momento, Hipómenes no se cansaba de elogiar a la joven y deseaba su victoria. Cuando tomaron la salida, incluso los celos aguijonearon su corazón. ¿Y si no ganaba Atalanta? ¡No podía ni imaginar que pudiese pertenecer a otro que no fuese él! «Debo participar en la próxima carrera si no quiero que gane algún otro», se dijo. ¡Por fin! Atalanta victoriosa cruzó la ultima marca. Hipómenes no tuvo ni una mirada para los desgraciados derrotados que marchaban, lamentándose, a sufrir el castigo pactado. Y cuando entre el público nadie quería competir otra vez contra la joven, una voz se destacó:

—¿Te vas a contentar con una victoria conseguida con tanta facilidad? ¡Tus rivales no tenían resistencia! Mídete ahora conmigo. Si gano, no tendrás por qué avergonzarte de tu esposo: mi padre tenía por abuelo a Poseidón. Y si salgo derrotado, tu fama será inmensa ya que mi valor es conocido y ha dado rango a mi nacimiento.

Mientras que decía todo esto, Atalanta no podía retirar su mirada de Hipómenes. Ella misma se sentía atraída por este muchacho tan bello, tan joven, que no tenía miedo a morir ante la esperanza de desposarla. Por vez primera comprendía que el destino que se oponía a su matrimonio era injusto, ya que Hipómenes era el único y el primero con el que le hubiera gustado compartir su lecho. Sin saberlo, en este momento, se había enamorado. Pero el pueblo reclamaba ya la carrera que les enfrentaba.

«La rapidez del ataque deja desconcertado a Adonis, que no tiene tiempo de huir...»

Mientras se acercaba a Atalanta, Hipómenes me invocó, pidiéndome que le ayudase ya que era el amor el que le empujaba a tener tanta osadía. Yo acababa de recoger tres manzanas de oro cuando el viento me hizo llegar esta súplica. Me acerco apresuradamente y sin ser vista por nadie, salvo por él, le entrego las frutas y le murmuro al oído lo que debe hacer. ¡Aún había tiempo! Resonaron las trompetas, dando la señal de partida. Los espectadores, a pleno pulmón, aclamaban a Hipómenes:

—¡Más rápido, más deprisa! ¡No pares, tú ganarás! Estas aclamaciones alegraban a Hipómenes. Atalanta, más de una vez, había aminorado su velocidad durante la carrera, ya que sin esfuerzo hubiera podido adelantarlo. Pero Hipómenes, con la boca reseca, jadeaba de cansancio, cuando aún la meta se encontraba lejos. Entonces lanzó una de las manzanas. ¡Imagínate la sorpresa de Atalanta! La fruta la tentaba. Sin detenerse, desvió su camino y recogió la manzana de oro, e Hipómenes la adelantó. Todo el estadio gritó y aplaudió. Entonces Atalanta aceleró su carrera, recuperando el tiempo perdido y dejando de nuevo al joven detrás. De nuevo lanza otra manzana, Atalanta se queda retrasada, pero poco después Hipómenes es otra vez adelantado... Entonces de nuevo me suplicó que le ayudase ya que el último mojón del recorrido se perfilaba a lo lejos. Lanzó la última manzana de oro con más fuerza, fuera de la pista. Puesto que Atalanta dudaba, la obligué y además hice que su carga fuese más pesada de lo que era en realidad. Adivinas el final: Atalanta perdió e Hipómenes se casó con la que amaba. 》》

—¿Pero que relación existe entre esta historia y los leones que tanto odias? –pregunta Adonis.

—¿No debía Hipómenes, después de la victoria, agradecérmelo ofreciéndome un sacrificio? ¡Pues bien!, has de saber que no lo hizo. Esta ingratitud me sacó fuera de mí y decidí vengarme. Un día en que los esposos se paseaban por un bosque en las cercanías de un templo dedicado a Zeus, maniobré de forma en que Hipómenes sintiese un violento deseo hacia Atalanta. Los dos jóvenes buscan un lugar donde ocultarse y encuentran una oscura caverna, en donde se guardaban las estatuas de antiguos dioses. Ellos se aman allí y no se dan cuenta de que las sagradas imágenes vuelven la mirada. También Démeter, desde el Olimpo, los ha visto. Espantada por este acto sacrílego, piensa si lanzarlos al infernal Estigio. Después cambia de opinión, ya que encuentra esta pena demasiado leve. Prefiere que sigan viviendo, pero que no sean ellos mismos. De modo que una leonada cabellera recubre poco a poco sus cuellos tan suaves hasta entonces; sin darse cuenta, sus uñas se encorvan, se afilan y se transforman en garras; de sus hombros arrancan unas pesadas patas y su cuerpo se termina en una larga cola que barre el suelo. Ellos se miran: su rostro irradia cólera; intentan hablar: sólo consiguen emitir unos gruñidos. Por todos los lugares por donde van, siembran el terror... Por eso, yo no quiero que te pierdas a causa de tu valor.

Después de un último beso, y un gesto con la mano, Afrodita sube a su carro que unos cisnes blancos llevan por los aires.

Ares, el dios de la Guerra, también ama a Afrodita de la que ya es amante. En verdad reconoce que le es infiel, pero ella siempre vuelve a él. Sin embargo, después de su encuentro con Adonis ha abandonado el Olimpo y no ha vuelto a reunirse con él. Loco de celos, Ares quiere, sin que nadie se entere, desembarazarse de este rival demasiado afortunado. Los temores que tiene Afrodita le hacen concebir una idea. Adonis es joven e impetuoso. ¿Por qué no inculcarle el gusto desmedido por la aventura y los peligros?

¿Qué podrán, a partir de ese momento, los consejos de la diosa frente al furioso deseo de gloria que él introduce en el corazón del bello adolescente?

Casualmente en ese momento sus perros olfatean un jabalí. Tras sus huellas, conducen a Adonis hasta su pocilga. El cazador no piensa ni por un momento regresar con el morral vacío: los perros lo hacen salir y el salvaje animal emprende la huida. Su rápida carrera no desanima a Adonis. La llanura bien pronto es sustituida por el bosque y es en ese momento cuando la pica del joven alcanza el flanco del animal. Con imprevisible rapidez, el jabalí da media vuelta, al mismo tiempo que con un violento movimiento de cabeza se arranca de su carne el arma enrojecida de sangre, y se abalanza sobre el agresor. La rapidez del ataque deja desconcertado a Adonis, que no tiene tiempo de huir. Cuando está encima de él, el jabalí clava hasta el fondo sus defensas en la ingle y Adonis cae moribundo.

Allá arriba en lo alto, Afrodita oye el débil lamento de su joven amante. Sin perder tiempo, ordena que los enormes pájaros de color blanco vuelen en la dirección de donde proviene el quejido. Ya muy próxima, observa el cuerpo de su bien amado que yace sobre su propia sangre. Desciende del carro y corre sin hacer caso de las zarzas que arañan sus piernas y desgarran su túnica. Cegada por el llanto, por fin llega al lado de Adonis. Por muy diosa que sea, no puede ir contra las Parcas que acaban de cortar el hilo de una vida. De rodillas, coge el cuerpo que tanto ama. ¡No!, no puede aceptar que allí ya no quede nada, que el olvido se lo trague para siempre.

—Quiero que permanezca el recuerdo de mi tristeza y el de tu incomparable belleza. Ya que no puedo devolverte a la vida, que de tu sangre nazca una flor.

Y mientras pronuncia estas palabras, deja caer el preciado néctar sobre la sangre que fluye de la herida. Entonces brota de la tierra una flor color de sangre: la anémona.

Juegos
— XI —
Adonis

1 Jeroglífico

Con ayuda de estos dibujos, encuentra el nombre de un personaje que ha sufrido una metamorfosis.

Solución: ....

2 Charadas

¿De quién o de qué se trata?

A - Mis dos primeras sólo se quitan con un susto.
La tercera te la daré si me pides.
La última está al final de tus peticiones.
Mi total se metamorfoseó en león.

Respuesta: ....

B - La primera es siempre la primera.
La segunda es origen de necesidades.
Las dos últimas, ni aunque se vista de seda.
Todas juntas, surgimos de la sangre de Adonis.

Respuesta: ....

3 Prueba de lectura

Recuerda bien este capítulo y señala la respuesta correcta.

1 - Mirra ha sido transformada en:
   a animal.   b árbol.

2 - La diosa que ayuda a Mirra a dar a luz es:
   a Hera.   b Atenea.

3 - Los cisnes tiran del carro de:
   a Démeter.   b Afrodita.

4 - El nombre de la joven que Hipómenes gana en la carrera es:
   a Atlanta.   b Atalanta.

5 - El dios celoso de Adonis se llama:
   a Ares.   b Hermes.

4 Situaciones de ayer y expresiones de hoy

Vocabulario Algunas expresiones de la lengua española hacen referencia a personajes legendarios de la mitología. Se utilizan para evocar situaciones que suelen ser similares a aquellas por las que pasó el héroe mitológico.

Une cada expresión con la definición más apropiada.

Expresiones
1 - Es su talón de Aquiles.
2 - Ser narcisista.
3 - Un trabajo titánico.
4 - Estar bajo la égida de...
5 - Tener un cancerbero.

Definiciones
a - Una gran empresa.
b - Es su punto débil.
c - Prestar atención excesiva a uno mismo.
d - Tener un buen guardián.
e - Estar bajo la protección de una persona importante.

Afrodita es la imagen de la sensualidad femenina. En los combates defiende a sus héroes predilectos. Favorece el matrimonio y el amor fuera de toda ley. Descubre más cosas acerca de esta diosa.

Ficha de identidad

Afrodita

Retrato

Joven, bella y con frecuencia sonriente. Siempre se la representa desnuda o semidesnuda, bien emergiendo de las olas sobre una concha marina, bien llevada en un carro tirado por palomas o cisnes.

Características particulares

De irresistible belleza. Es poseedora de un cinturón mágico que encierra todos los poderes de la seducción (sonrisa incitante, elocuencia en la mirada, suspiros persuasivos, el encanto).

Nacida de: la espuma del mar y la sangre de Urano (en griego, *Aphos* significa «espuma»).

Esposa de: Hefesto.

Madre de: - Eros, que tiene por padre a Ares y no a Hefesto;
- Hermafrodito, al que tuvo con Hermes;
- Eneas, que fundó la ciudad de Roma y al que tuvo con Anquises, un simple mortal.

Profesión: diosa de la Belleza y del Amor.

Dirección: el Olimpo o la isla de Citera.

Flor: la rosa.

Fruta: la manzana.

Animales: el cisne y, sobre todo, la paloma.

Santuarios donde se la venera: Cnosos en Creta, Pafos en la isla de Chipre, y en la isla de Citera.

Día consagrado: el viernes (del nombre latino Venus).

Equivalente romano: Venus

XII

Prometeo, el ladrón del fuego

POR FIN DESPUÉS DE DIEZ AÑOS DE INCIERTOS COMBATES, Zeus acaba de derrotar a los Titanes. ¿Qué más podría temer de sus enemigos a los que ha enterrado vivos? Ya no teme a Atlas, el más grande entre ellos, desde que lo ha condenado a sostener el amplio cielo sobre su cabeza con ayuda de sus infatigables brazos.

No obstante, quedan dos Titanes que hoy día viven libres a su lado: Prometeo y su hermano Epimeteo que durante esta guerra no tomaron partido por ninguno de los dos bandos. No por cobardía sino porque su madre les había anunciado que la astucia se impondría a la fuerza y a la violencia en esta lucha sin cuartel.

—¡Hermanos, escuchadme! —les dijo Prometeo en diversas ocasiones—. Os veo arrancar del corazón de las montañas rocas tan grandes como colinas esperando así llegar a donde habita Zeus en el Olimpo. Lo mismo que vosotros no quiero someterme a su autoridad, pero nuestra fuerza no nos servirá de nada si no utilizamos la astucia...

Los acontecimientos que vinieron después dieron la razón a Prometeo... Para agradecer la imparcialidad de los dos hermanos, Zeus los dispensó de todo castigo e incluso les concedió sus favores: durante los festines que compartían con los dioses, disfrutaban de su manjar favorito, la ambrosía más dulce aún que la miel, y bebían el divino néctar en copas de oro.

Al ver a Prometeo hablar y reír de manera amistosa con los Olímpicos, ¿quién hubiera pensado que su corazón no aspira a otra cosa que a la venganza y a la sublevación? No ha perdonado a Zeus la crueldad hacia sus hermanos y siente lástima por aquellos hombres que sufren la tiranía del nuevo dueño del universo. Éste exige cada vez más sacrificios y continuas ofrendas. La revuelta crece y el malestar se hace dueño del corazón de muchos humanos.

—El padre de Zeus nos exigía obediencia, pero por lo menos fuimos dichosos bajo su reinado.

—¡Así es! ¿Cómo podemos prosperar si debemos sacrificarle nuestros más hermosos animales y entregarle la mejor parte de nuestras cosechas?

—Desde que Zeus expulsó a su padre del trono, hemos perdido todo, ¡nuestros bienes y nuestra libertad!

—¡No nos dejemos manejar! Quememos para agradar a los dioses incienso y perfumes sobre los altares, pero no matemos más a nuestros animales puesto que nosotros casi nos morimos de hambre.

Pronto los murmullos se hacen rumores, para más tarde amplificarse en clamores y llegar hasta el soberano de los dioses.

Irritado por semejantes recriminaciones, Zeus está que truena, brama y envía su rayo contra la tierra.

—¿Por qué te disgustas y elevas la voz? —pregunta Prometeo—. Sería suficiente que te dejases ver para poner fin a la revuelta de esas miserables criaturas. Si lo deseas, yo me adelanto para anunciarles tu venida y te prometo conseguir de ellos el sacrificio del más hermoso de sus bueyes. Tú decidirás ese día la parte del animal que deben sacrificarte los hombres.

Zeus acepta la propuesta sin ver la sonrisa que ilumina la cara de Prometeo mientras abandona el salón donde habita el más grande de los dioses.

Algún tiempo después, ya se encuentra en Sición, en las proximidades de Corinto.

—No temáis nada —dice a los hombres, impresionados por su enorme estatura.

—¿Quién eres y cómo te llamas?

—Soy uno de los hijos de Jápeto y mi nombre es Prometeo.

Después, en voz más baja, les habla durante un largo rato. En cuanto acaba, matan el buey más gordo, lo despiezan y lo deshuesan.

Se acerca luego al animal sacrificado. Se agacha e introduciendo las manos en la carne aún sangrante, prepara dos montones. En el de los despojos, coloca la carne y los menudos que oculta con mucho cuidado en la parte interior. El resto, es decir huesos blancos y despojos, constituyen el segundo montón que recubre hábilmente con una apetecible capa de grasa brillante, ya que sabe que a Zeus le gusta mucho.

Por fin se presenta el soberano del Olimpo. El resplandor que le precede es de tal manera cegador que los hombres aterrados huyen y se esconden.

—Hijo de Jápeto, me has prometido un sacrificio y únicamente veo dos montones: el aspecto de uno me atrae mientras que el otro me desagrada. ¿Cuál es el mío?

—¡Oh glorioso Zeus!, debes escoger aquel que tu corazón te dicte...

Al ver al dios señalar el montón que sabía sólo contenía huesos, no puede reprimir Prometeo una sonrisa de satisfacción. Él, cuyo nombre quiere decir «previsor», él, cuyos hermanos están encadenados en lo más profundo de las entrañas de la tierra, ¡acaba de engañar al vencedor de su estirpe!

Cuando Zeus descubre el engaño, se desata su ira, pero no puede echarse atrás: para los dioses, los huesos blancos de los animales, y para los hombres, ¡la suculenta carne de las entrañas! Pero lo que acrecienta la cólera de Zeus es ver la sonrisa en los labios de Prometeo. Hecho una furia, abandona a los hombres allí junto con su benefactor, prometiéndose que los castigará por esta burla.

—¡Os prohíbo que devolváis la caliente fuerza del fuego a los hombres! —declara Zeus con una voz atronadora, dirigiéndose a todos los dioses que ha reunido en el Olimpo—. La carne que se han repartido ¡quiero que se la coman cruda! ¡Que vuelvan a ser presa de los animales salvajes, ya que el fuego no los ahuyentará cuando la noche caiga! ¡Quiero que mueran de frío en el invierno y que sean rebajados al nivel de los animales! Quiero que sepan el precio que tiene enfrentarse a los honores que me son debidos. ¡Nadie es libre, excepto Zeus!

Mientras que los hombres en la tierra sufren, en el Olimpo se suceden los banquetes. El mismo Prometeo no logra sonreír y mucho menos reír. Sabe de sobra que Zeus ha querido castigarle por medio de los hombres, ya que ninguna divinidad desconoce su interés hacia ellos. Prometeo se siente entristecido: queriendo ayudar a la humanidad, la ha hecho más desgraciada. Ha querido entretenerse y se da cuenta de que los trucos son inútiles frente a Zeus: debe hacerle frente ahora, sin dejar pasar más tiempo. Acodado en el balcón de la noche, contempla allá abajo el mundo de los mortales. Ni una luz, ni una antorcha, ni una llama... Se imagina a los hombres apelotonados unos contra otros, para así poder escapar a las dentelladas del frío. Imagina a las feroces bestias rondando, con los sentidos en situación de alerta, con el hambre despierto por el olor de la carne que intuyen cercana. Imagina el miedo del encargado de vigilar, apretando entre sus manos una pica cuya punta no ha podido ser endurecida por el fuego. Con la cara entre las manos, llora el fornido Titán, cuyas astucias no habían sido jamás descubiertas. Pero, repentinamente, levanta la cabeza. Su decisión no tiene vuelta atrás, hará lo que se ha propuesto, aunque se haga acreedor al peor de los castigos. La amabilidad, la benevolencia que siempre le demuestra Zeus ahora le producen miedo. Nota que una trampa se cierne sobre él. ¡No hay un instante que perder!

Nadie le ve abandonar ese lugar de placeres y marchar a grandes zancadas. Se encamina hacia un resplandor anaranjado, lejos, muy lejos. Se acerca, y aminora su paso: poco a poco la oscuridad ha dado paso a una gran claridad que sale de una inmensa cueva en la que el fuego se alimenta en unas colosales forjas. Por todos los sitios hay atizadores, pinzas, fuelles. Son las herramientas del dios Hefesto. Su fealdad sólo iguala a su destreza: igual sabe fabricar las armas más resistentes como las joyas más delicadas. Cuando Prometeo entra, le encuentra sumido en un ligero sueño. Tan silencioso como Artemisa, a pesar de su corpulencia, el Titán avanza hacia el interior. Se encuentra ya a unos pasos de un crisol repleto de buenas brasas encendidas, cuando su brazo tropieza con unas tenazas. Con un estruendo que el eco hace aún mayor y que el silencio amplifica, la herramienta cae al suelo. Hefesto abre un ojo, justo lo necesario para ver a Prometeo al lado del hogar, con una férula hueca en la mano. Cuando, preocupado, este último vuelve la cabeza para asegurarse de que el ruido no ha despertado al dios herrero, ve a éste estirarse, bostezar, con los ojos cerrados. «¡Uf!, verdaderamente Hefesto tiene un sueño muy pesado. Sin duda que ha bebido demasiado néctar. ¡Mucho mejor!», piensa Prometeo que desconoce que, detrás de sus párpados medio cerrados, el dios cojo ve cómo se apropia de un carbón encendido y desaparece rápidamente.

«Todas las manos se dirigen hacia las hogueras
que inflaman esta noche festiva...»

«Diré a mi padre Zeus que dormía y que no he visto nada...», se dice Hefesto que no quiere denunciar al Titán, por el que siente amistad.

Al ver una estela luminosa atravesar el cielo a una vertiginosa velocidad, el centinela sacude a su dormido compañero.

—¡Despiértate! ¡Mira!

—¿Qué es eso? –pregunta el hombre al que acaba de arrancar del sueño.

—¡Es Zeus! ¡Nos envía este relámpago para destruirnos! –responde un tercero, al que sus palabras han despertado.

En unos momentos, todos, hombres, mujeres y niños están en pie, con el corazón acelerado, escrutando la oscuridad desgarrada por ese resplandor de fuego.

Las cítaras, liras, flautas de caña han ocupado el lugar del angustioso silencio que reinaba un instante antes. Las sombras de los bailarines se recortan sobre los acantilados de las montañas, sobre las laderas de las colinas, sobre las amplias extensiones de las llanuras. El olor a carnes asadas invade por completo el espacio. Ríen, lloran, beben. Todas las manos se dirigen hacia las hogueras que iluminan esta noche festiva. Todos los brazos se mueven para alimentar las hogueras, para que no se apaguen nunca más.

—¡Te estamos agradecidos, Prometeo!

—¡Eres nuestro eterno bienhechor!

—¡Organizaremos todos los años fiestas en tu honor!

Un fragor procedente de las alturas oculta sus voces. Es Zeus, que ha visto y oído todo. Pero Prometeo se encuentra feliz. ¡Qué le importa la cólera de Zeus! Lo que verdaderamente desea es que los hombres no sean la diana del dios.

—Hefesto, escucha atentamente –le ordena Zeus–. Quiero que moldees con arcilla la más bella de las mujeres. Es necesario que todos los que la vean queden seducidos por sus encantos.

—¿Cuándo debo entregártela?

—¡Ahora mismo! ¡Ponte inmediatamente a trabajar! –retumba Zeus, trastornado por la ira que el robo de Prometeo le ha causado.

—¿Puedo preguntarte por qué...?

El dios cojo no puede acabar la frase al ver a su padre amenazarle con el rayo que no abandona jamás.

Unas horas después, con las manos y uñas todavía grises por la tierra que acaba de moldear, regresa al Olimpo en compañía de una joven maravillosamente hermosa. Sus rasgos son perfectos, su cabellera ondulada sobre los contorneados y blancos hombros, su talle es fino y sus caderas redondeadas. Normalmente, cuando el dios herrero aparece, su fealdad desencadena las risas y burlas de la asamblea. Pero, hoy no ocurre nada de eso: los dioses y diosas dejan escapar un murmullo de admiración que alegra a Zeus. Esta joven es justamente lo que quería. Ella va a permitirle vengarse de los hombres y por lo tanto de Prometeo, piensa él. Unos cuchicheos le sacan de sus reflexiones:

—¡Qué atrevimiento, presentarse desnuda! –se indigna Hera, volviendo la cabeza.

—Sí... es hermosa, pero no tiene ningún encanto –juzga Afrodita con gesto crítico.

La joven, con los ojos vacíos, no parece prestar ninguna atención a las palabras que su aparición suscita.

—¡O es sorda, o es más muda que un muerto! –exclama Hermes, que maneja la palabra mejor que nadie.

—¡Está bien! Os dejo libertad para dar los últimos retoques a mi obra –declara el soberano de los dioses que acepta las críticas, ya que ellas le van a servir para su plan.

Pronto, unos y otros adornan a la joven con las cualidades que ellos mismos poseen. Resultado sorprendente, ¡porque las cualidades dadas por los primeros se oponen a las dadas por los siguientes! De modo que esta criatura posee a la vez la amabilidad y la violencia, la seducción y la modestia, el candor y la picardía, la prudencia y la exagerada curiosidad...

—Te llamarás Pandora, porque tienes todos los dones –proclama entonces Zeus sonriente–. También yo deseo hacerte un regalo.

Y le tiende un maravilloso cofre que tenía cerca de él:

—Es para ti, ¡pero cuídate mucho de no abrirlo nunca! Aquí te entrego la llave. Hermes, sal sin tardar hacia la tierra para que conduzcas a Pandora al esposo que le tengo destinado: Epimeteo.

Después de calzarse sus sandalias aladas, Hermes se eleva en el azul con Pandora cogida de su delicada mano: entonces unas carcajadas resuenan en el Olimpo: Zeus acaba de informar a la asamblea de cómo «aquella que tiene todos los dones» va a vengarle de Prometeo y de los hombres que han creído encontrar en este último un benefactor.

Juegos
— XII —
Prometeo

1 Definiciones correctas

Vocabulario Algunos nombres propios se han convertido en nombres comunes. Así, por ejemplo, Don Juan, personaje literario, designa hoy a un seductor.

Ahora que ya estás familiarizado con un cierto número de personajes mitológicos, encuentra el significado de cada palabra y señala la respuesta correcta.

1 - Un atlas designa:
    a una montaña alta.
    b un personaje aficionado al deporte.
    c una recopilación de mapas geográficos.

2 - Un adonis es:
    a un nombre de flor.
    b un hermoso muchacho.
    c un adolescente en crisis.

3 - Un cancerbero designa:
    a un guerrero bárbaro.
    b un guardián severo e intratable.
    c un habitante de los Balcanes.

4 - Un orfeón designa:
    a un pájaro nocturno.
    b un payaso.
    c un coro de cantantes sin instrumentos.

5 - Un sátiro designa:
    a un crítico de la sociedad.
    b un instrumento de cocina.
    c un hombre vicioso.

6 - Un adán designa:
    a un hombre desaliñado, desastroso.
    b un pájaro.
    c un tipo de barco.

7 - Un narcisista designa:
    a un jardinero.
    b un músico de cierto instrumento.
    c un admirador de sí mismo.

8 - Una odisea significa:
    a) una planta.
    b) un viaje largo y complicado.
    c) una mujer que odia con mucha fuerza.

2 ¿Quién es éste?

En el texto se habla de que Zeus expulsó a su padre para ocupar su puesto y hacerse con el poder. ¿Cómo se llamaba dicho personaje? Descúbrelo encontrando las palabras correspondientes a estas definiciones donde se esconde su nombre.

- Sucesión de acontecimientos a lo largo del tiempo: ....
- Objeto que permite medir con exactitud su duración: ....

¿Lo has conseguido? ¡Bravo!

El padre de Zeus se llama: ....

3 Crucigrama

HORIZONTALES
1 - Ella tiene todos los dones.
2 - Si su hermano piensa primero, él piensa después.
3 - Él está sediento de venganza.
4 - Ha visto todo, pero no dice nada.
5 - Él viaja mucho.

VERTICALES
A - Bienhechor de la humanidad.
B - Padre de Prometeo.
C - Los Titanes echan en falta su reinado.
D - Su castigo es proporcional a su fuerza.

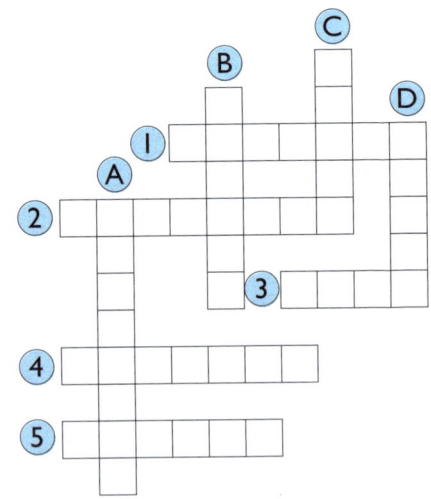

Este dios, hábil herrero, fabrica los rayos de Zeus y las armas de los dioses de los héroes. Él es quien encadena a Prometeo a la cima del Cáucaso.

Ficha de identidad

Hefesto

Nacido de: Zeus y Hera.

Hermano de: Ares, Hebe.

Esposo de: Afrodita.

Padre de: Erictonio. Deseando poseer violentamente a Atenea, que había ido a recoger sus armas, dejó caer su semen sobre la Madre Tierra, dando lugar al nacimiento de este hijo. Con Afrodita no se le conoce que tuviera descendencia.

Profesión: dios del Fuego, armero y herrero de los Inmortales.

Dirección: el Olimpo. Al principio su residencia en la tierra era la isla volcánica de Lemnos, de donde Prometeo robó el fuego. Al final se estableció en las profundidades del Etna.

Animal: el león.

Equivalente romano: Vulcano.

Retrato

Hombre de edad madura, con barba y gorro, vestido con una toga que no le baja más de las rodillas. En la mano derecha lleva un martillo y unas tenazas en la izquierda.

Características particulares

Ser deforme, repelente. Está cojo desde que Zeus lo arrojó desde lo alto del Olimpo: había reprochado a su padre haber suspendido del cielo a Hera sujetándola por las muñecas (Zeus quiso castigarla por haber fomentado una revuelta contra él).

— XIII —

Pandora

EPIMETEO, AQUÍ TIENES A PANDORA.

El Titán, al oír esta voz que le era conocida, levanta la cabeza. Al contemplar a Pandora, su corazón se detuvo un instante. ¡Nunca había visto una mujer tan bella y tan agradable!

—Si te gusta, Zeus te la entrega por esposa.

Embelesado, Epimeteo se queda inmóvil, con la mirada clavada en la joven.

—Te lo ruego, hermano, ¡no la aceptes! –le susurra al oído Prometeo, que acaba de llegar.

—Mi padre se ha acordado de ti, ya que bien sabes lo que te aprecia, continúa Hermes. Pero, ciertamente, no quiere obligarte a que aceptes este regalo si no te gusta...

—¡No te fíes de las argucias de Zeus, Epimeteo! –le suplica su hermano–. ¿Por qué te hace un regalo? ¡Estoy seguro de que se trata de una trampa!

—Prometeo, no te mezcles en esto.

—¿No será que está celoso de ti? –añade Hermes intencionadamente a Epimeteo, al que ve dubitativo–. ¡No tendría nada de raro! ¿A quién no le gustaría casarse con aquella a quien los dioses han colmado con todas las cualidades?

Preocupado, la mirada de Epimeteo va de su hermano a Pandora. La joven le dirige entonces una mirada sumisa nublada por las lágrimas. Epimeteo no puede creerse que una criatura tan dulce y delicada pueda ocultar algún peligro. Lentamente, su mano se dirige hacia la que Zeus le destina.

—La diosa Démeter le ha prometido que ella tendrá muchos hijos. Y ellos, además, heredarán los dones que su madre ha recibido de los dioses —murmura también el mensajero de los dioses al oído de Epimeteo.

En ese momento Prometeo se da cuenta verdaderamente de la trampa urdida por Zeus contra los hombres. Un terrible grito se escapa de su poderoso pecho mientras se lleva las manos a la frente. ¿Cómo van los hombres a poder vivir felizmente si llevan a la vez la violencia de Ares y la amabilidad de Hestia? ¿El pudor de Artemisa y la seducción de Afrodita? ¿La prudencia de Atenea y la astucia de Hermes? Sin descanso, las criaturas que tanto ama Prometeo van a ser desgarradas, atraídas tan pronto por el bien como por el mal. ¿Y qué desgracias, por venir, contiene el cofre que Pandora aprieta contra ella? Entonces, elevando la cabeza al cielo, el Titán grita su cólera:

—¡Te maldigo, Zeus! ¡Has de saber que jamás me doblegaré ante tu poder, ya que no te tengo miedo!

¡Qué le importa que le castigue, ahora que ha comprendido que cada uno de los hombres lleva dentro de sí un ángel y un demonio, y que nunca conocerán la paz! Solidario como es, aspira a compartir la misma suerte de aquellos a los que considera como sus hermanos.

En el Olimpo, Zeus ha escuchado los gritos de Prometeo, y sonríe mientras lanza su rayo contra el Titán. Su venganza está satisfecha: Prometeo sufre interiormente; ahora va a sufrir en su cuerpo. Ante los espantados ojos de Epimeteo y de Pandora, desaparece bruscamente Prometeo en medio de la naturaleza en llamas.

—No, no lo consigo... no puedo encadenar a la fuerza a un dios a esta montaña —suspira Hefesto, soltando sus herramientas.

—¡Colócale unas cadenas! —ordena el Poder al dios herrero—. Después, con toda tu fuerza, golpea con ese martillo y clávalo a la roca. ¡Verás el precio que paga este perro Titán por haber desobedecido a nuestro padre!

Hefesto, derrotado, observa a Prometeo que permanece silencioso.

—Lejos de toda voz y de todo rostro humano, mi padre quiere que soportes los peores sufrimientos. Durante el día, el sol quemará tu piel. Desearás que llegue la noche desesperadamente, y llegará, pero entonces sufrirás un frío cruel. El sueño no dejará que tus párpados se cierren y permanecerás siempre de pie, sin poder doblar las rodillas. ¡Ay!, es muy a mi pesar el que tenga que clavarte al monte Cáucaso.

—¡Basta ya de lamentos, Hefesto! —se enfada el Poder una vez más—. Colócale estas cadenas en torno a sus riñones, a sus manos y sus tobillos. Apriétaselas tanto que se incrusten en su carne. Después, con toda tu fuerza, húndele este remache de acero en su pecho. Prometeo, dime, ¿qué ayuda esperas tener ahora de los hombres, tú, su bienhechor?

—¡Antes prefiero estar encadenado a esta roca y sufrir, que ser el criado de Zeus! Odio a todos los dioses. Su poder es reciente. Se creen seguros en el inaccesible Olimpo. Pero ya he visto a dos monarcas ser expulsados del trono. ¿Te dicen algo los nombres de Urano y de Crono? Zeus, ¿de verdad piensas escapar al destino que siempre establece que el hijo destrone al padre?

Zeus ha escuchado la blasfemia de Prometeo. Su furia no tiene límites. Incluso encadenado, ¡el Titán le provoca y le presenta cara! En vista de ello, hace llamar a Hermes y le encarga un mensaje para el rebelde: «Que Prometeo sepa que el fuego de mi rayo golpeará la cima del Cáucaso. Ella volará en pedazos y enterrará su cuerpo entre un lecho

«Entonces surgirá del cielo un águila de enormes alas y se cebará en su hígado.»

de rocas. Entonces surgirá del cielo un águila de enormes alas y se cebará en su hígado. Eternamente, acribillará la carne para acceder a este órgano, ya que todas las noches su hígado se regenerará hasta quedar como antes».

Al terminar estas palabras Hermes se va, la tierra tiembla, el trueno retumba, violentos vientos levantan columnas de polvo, y el rayo, en relámpagos abrasadores, salta...

Epimeteo no ha vuelto a ver a su hermano desde su matrimonio con Pandora. Con frecuencia echa en falta su presencia, sus inteligentes consejos, pero Pandora es tan dulce, tan cariñosa, que su pena se difumina con el tiempo. Cree que tanto él como su esposa sienten una felicidad completa. Desconoce completamente que desde hace unas semanas la curiosidad la devora. ¿Qué contiene el cofre entregado por Zeus? Hasta entonces, la prudencia compartida que Atenea le ha entregado le impide levantar la bien ajustada tapa. Pero hoy, un duro combate se libra dentro de ella. Desde hace días, da vueltas en torno a la habitación donde conserva la preciada caja. Más de una vez, su mano la ha primeramente rozado, después acariciado y por último se ha afianzado sobre las piedras que brillan con un fulgor tal que no puede apartar su mirada. «¿Por qué me ha prohibido que la abra? ¿Quizás guarde en su interior magníficas joyas? ¡No, más bien unos mágicos poderes que me permitirían llegar a ser igual a las diosas! Sí, eso es: ellas me tienen celos y, más que Zeus, ¡son ellas las que no quieren que la abra! Zeus me quiere, si no ¿cómo se explica que me haya entregado la llave», piensa Pandora, que con una mano sujeta el cofre y con la otra aprieta la llave con tal fuerza que se le marca en la carne. De pronto, la deposita en el suelo, se arrodilla y febrilmente introduce la pequeña llave en la cerradura. Aún duda un momento antes de levantar la tapa... Después, con un gesto decidido, abre la caja de par en par.

Un grito de espanto aparta a Epimeteo de su trabajo. Sí, ¡es Pandora, sin duda, la que grita de esa manera en la casa! Pensando en una desgracia corre el Titán a más no poder. Al fin llega a la habitación...

Pandora, quejumbrosa, trata de protegerse la cara con los brazos. Desde el cofre se escapa una nube zumbadora, turbulenta, que muerde y pica a la mujer y al marido, después se precipita hacia la puerta que estaba abierta, y se extiende por todas las casas, por los campos, por los bosques, por todos los lugares donde viven y trabajan los hombres. Recobrando la razón, Epimeteo se lanza a cerrar la tapa. ¡Qué suerte para la humanidad! En el fondo de la caja sólo queda la Esperanza. No es gran cosa, pero ella es la que salvará a todos aquellos a los que acecha la desesperación...

La venganza de Zeus se ha realizado por completo. ¡Desgraciada Pandora! Acaba de entregar a la humanidad la Enfermedad, la Guerra, la Calumnia, la Envidia, los Celos, las preocupaciones, que, a partir de ese aciago día, no han abandonado nunca el corazón ni la morada de los hombres...

Juegos
— XIII —
Pandora

1 ¿Quién es quién?

Los romanos fueron los conquistadores de Grecia y asimilaron sus dioses. Únicamente cambiaron los nombres. Con la ayuda de las fichas de identidad que ya has leído, completa este cuadro.

Dioses griegos	Dioses romanos	«Profesión»
Zeus	....	....
....	Juno	....
....	Minerva	....
Apolo	....	dios del Sol y las Artes
....	Diana	....
....	Mercurio	dios de la Elocuencia y mensajero
Hefesto	....	dios del Fuego
....	Venus	....
....	Baco	....
Hades	....	dios de los Infiernos

Documentación
— XIII —

La liberación de Prometeo

Cuando Heracles, uno de los hijos de Zeus (más conocido por Hércules), visitó los Infiernos, dio muerte al águila que devoraba el hígado de Prometeo, liberándole de sus cadenas.

El tiempo pasó y Zeus jamás reprochó nada a su hijo. Algún tiempo después, se dice que el centauro Quirón aceptó morir en lugar de Prometeo, cediéndole de esta manera su derecho a la inmortalidad. Efectivamente, Hércules le había sacado una flecha que le producía atroces dolores. Prefería morir antes que sufrir eternamente. Zeus aceptó la propuesta, y de esta manera Prometeo nunca tuvo que doblegarse ni ceder ante el dios.

Prometeo, por su acción y por el rechazo al servilismo, permanece ante los hombres como el símbolo exacto de la oposición al poder del tirano, dispuesto, por el bien de la humanidad, a sufrir terribles dolores.

Soluciones a los juegos

I - Apolo y Dafne

(página 10)

Juego 1
1 - Ágata 2 - Catalina 3 - Dafne 4 - Delfín 5 - Felipe

Juego 2
1 - c; 2 - d; 3 - a; 4 - b

II - Apolo y Leucótoe

(página 17)

Juego 1
A - Incienso (**in**icio-**cien**-ca**so**)
B - Enamorado (**en**tro-**amo**-**ra**zo-nar-**do**y)
C - Girasol (**gira**-**sol**)

Juego 2
A = ⊗   O = ⊕   I = ∅
Afrodita - Las metamorfosis - Ovidio

II - El desafío de Aracne

(páginas 24-25)

Juego 1
1, 2, 3 - araña 4 - huraña

Juego 2
Leda

Juego 3
1 - Verdadero 2 - Falso 3 - Falso 4 - Verdadero 5 - Verdadero 6 - Falso

Juego 4

N	O	I	R	T	I	F	N	A
V	A	P	O	R	U	E	T	S
H	A	R	A	C	N	E	S	I
E	L	O	E	T	N	O	I	M
A	Ñ	W	L	A	Z	L	T	E
N	O	D	I	E	S	O	P	T
A	L	M	U	B	D	P	R	R
D	B	S	U	I	Z	A	D	A

IV - Acteón y Artemisa

(páginas 32-33)

Juego 1

aurora   cenit   crepúsculo

Juego 2

Animal	Hembra	Cachorro	Vivienda	Grito
jabalí	jabalina	jabato	pocilga	gruñido
caballo	yegua	potro	cuadra	relincho
ciervo	cierva	cervatillo	bosque	bramido

Juego 3
1 - humillado - castigarlo
2 - salvajes
3 - sin nada - abundante en caza - provechosa - muy cansada

Juego 4

Atenea   Afrodita   Artemisa

V - Eco y Narciso

(página 40)

Juego 1

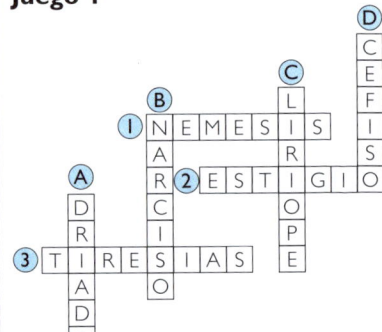

VI - Midas

(páginas 49-50)

Juego 1
1 - cereales - Ceres
2 - hermafrodita - Hermes - Afrodita
3 - narcisismo - Narciso
4 - pánico - Pan
5 - odisea - Odiseo

Juego 2
Apolo - sol - lira - Delfos - Febo -b
Atenea - Atenas - lechuza - olivo - Minerva - a
Artemisa - Diana - cierva - carcaj - luna - Éfeso - d
Dioniso - viña - pantera - Baco - c

Juego 3

SILENO
(SI [nota musical] + LEÑO [sin ñ])

VII - Faetón

(página 59)

Juego 1
A - el león; B - el toro; C - el cangrejo; D - el escorpión; E - el centauro

Juego 2
Apolo

VIII - Orfeo

(páginas 68-69)

Juego 1
Tristán e Isolda; Ginebra y Lanzarote; Helena y Paris; Zeus y Hera; Eloísa y Abelardo.

Juego 2
1 - Clío   2 - Erato
3 - Euterpe   4 - Terpsícore
5 - Talía   6 - Urania

Juego 3

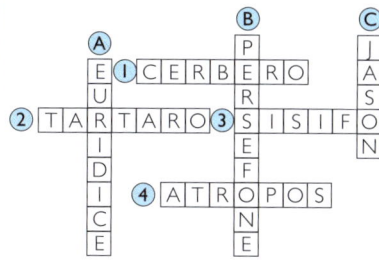

Juego 4
Perséfone (**per**sa-**sé**-**fo**fa-**ne**ne)

IX - Dánae

(páginas 79-80)

Juego 1
1 - f; 2 - e; 3 - a; 4 - h; 5 - j; 6 - b; 7 - g; 8 - c; 9 - d; 10 - i; 11 - l; 12 - k

Juego 2
A - Moisés; B - Rómulo y Remo

Juego 3

Dánae	Zeus	Lluvia de oro
Dafne	Apolo	laurel
Leucótoe	Apolo	incienso
Aracne	Atenea	araña
Acteón	Artemisa	ciervo
Clitia	Apolo	girasol

X - Perseo y Medusa

(páginas 90-91)

Juego 1
1 - Polidectes; 2 - Sérifos; 3 - Gorgonas; 4 - Delfos; 5 - Dodona; 6 - Hermes; 7 - Atenea; 8 - Hades; 9 - Andrómeda; 10 - Poseidón; 11 - Acrisio

Juego 2
Medusa / Pegaso

Juego 3
1 - polígamo   2 - polígono
3 - politeísta   4 - políglota

XI - Adonis
(páginas 101-102)
Juego 1

MIRRA

(MI [nota musical] + R + RA [dios egipcio del sol])

Juego 2
A - Hipómenes (**hipo**-**me**-peticio-**nes**)
B - Anémona (**a**-**ne**cesidades-**mona**)

Juego 3
1 - b; 2 - a; 3 - b; 4 - b; 5 - a

Juego 4
1 - b; 2 - c; 3 - a; 4 - e; 5 - d

XII - Prometeo
(página 113-114)
Juego 1
1 - c; 2 - b; 3 - b; 4 - c; 5 - c; 6 - a; 7 - c; 8 - b

Juego 2
cronología - cronómetro - Crono

Juego 3

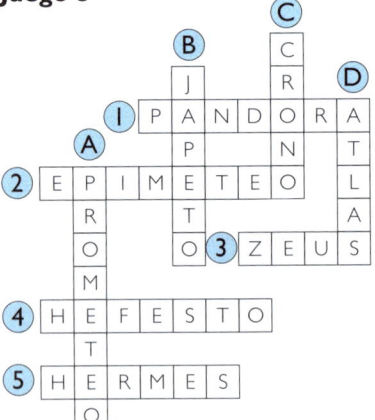

XIII - Pandora
(páginas 122)
Juego 1

Dioses griegos	Dioses romanos	«Profesión»
Zeus	Júpiter	soberano de los dioses
Hera	Juno	diosa de la Familia
Atenea	Minerva	diosa de la Guerra, de la Sabiduría y de las Ciencias
Apolo	Febo	dios del Sol y de las Artes
Artemisa	Diana	diosa de la Caza
Hermes	Mercurio	dios de la Elocuencia y mensajero
Hefesto	Vulcano	dios del Fuego
Afrodita	Venus	diosa del Amor
Dioniso	Baco	dios del Vino y de la Inspiración
Hades	Plutón	dios de los Infiernos

Índice de nombres

Los nombres de lugares se indican en cursiva.
Los números de página en color remiten a las fichas de identidad de los dioses

- A -

Acrisio, 72, 73, 74, 88, 89
Altea, 51
Apolo, 5, 6, 8, 9, 11, 12, 13, 14, 16, 27, 34, 41, 42, 46, 61, 66, 92
Aquiles, 60
Aracne, 19, 20, 22, 23, 26
Ares, 12, 26, 92, 99, 103, 117
Argonautas, 61
Argos, 72, 88, 89
Ariadna, 51
Aristeo, 61
Artemisa, 6, 11, 27, 28, 30, 31, 34, 71, 108, 117
Asclepio=Esculapio
Asias (las), 34
Atalanta, 95, 96, 98, 99
Atenas, 22, 26, 51
Atenea, 19, 20, 22, 23, 26, 42, 115
Atlas, 104
Átropos, 62, 70

- B -

Baco=Dioniso

- C -

Calíope, 61
Caronte, 64
Casandra, 11
Casiopea, 86, 87
Cáucaso (el monte), 115, 118
Cefiso, 35
Cerbero, 62, 70, 71
Citera, 94, 103
Climenea, 11, 52
Clitia, 14
Cloto, 70
Corinto, 106

Corónide, 111
Crisaor, 84
Crono, 71, 81, 118

- D -

Dafne, 5, 6, 89, 11
Dánae, 22, 72, 73, 74, 76, 87, 88
Danaides (las), 63
Delfos (el oráculo de), 11, 41, 77, 89
Delos, 11
Démeter, 81, 99, 117
Deyanira, 51
Diana=Artemisa
Dictis, 76, 77, 87, 88
Dioniso, 43, 44, 45, 46, 47, 48, 51, 92
Dodona, 42, 78, 81
Dríadas, 39

- E -

Eco, 36, 38, 39
Eleusis, 78
Elisios (los Campos), 64, 70
Eneas, 103
Epimeteo, 104, 116, 117, 120, 121
Esculapio, 11
Eurídice, 61, 62, 63, 66
Europa, 22

- F -

Faetón, 11, 52, 53, 54, 56, 57, 58
Febo-Foebo-Foibos, 52, 53, 54, 56
Filistia, 86

- G -

Gorgonas (las), 77, 78, 83, 84
Grayas (las), 78, 82, 83

- H -

Hades, 62, 63, 70, 71, 81, 83
Hebe, 115
Hebre (el), 66
Hécate, 34
Hefesto, 12, 26, 81, 92, 103, 108, 110, 115, 117, 118
Heliades (las), 57, 58
Hera, 36, 51, 71, 81, 93, 94, 111, 115
Heracles=Hércules
Hércules, 51, 89, 123
Hermafrodito, 92, 103
Hermes, 42, 78, 82, 83, 92, 103, 111, 112, 116, 117, 120
Hespérides, 45, 57
Hestia, 117
Hipómenes, 95, 96, 98, 99

- I -

Infiernos (los), 62, 70, 123

- J -

Jápeto, 106
Jasón, 61
Júpiter=Zeus

- L -

Láquesis, 70
Lara, 92
Lares (los dioses), 92
Larisa, 89
Leda, 22
Lesbos (isla de), 66
Leto, 11, 34
Leucótoe, 12, 13, 14
Liriope, 35, 42

- M -

Maya, 92
Medusa, 77, 78, 82, 83, 84, 88, 89
Ménades (las), 43
Mercurio=Hermes
Metis, 26
Midas, 43, 44, 45, 46, 47, 47
Minerva=Atenea
Morfeo, 70
Musas (las), 51
Mirra, 93

- O -

Olimpo (el), 11, 13, 14, 26, 81, 92, 93, 94, 99, 103, 104, 111, 115, 118
Orfeo, 61, 62, 63, 64, 66, 67

- P -

Pactolo (río), 45
Pan=Dioniso
Pandora, 112, 116, 117, 121
Parcas (las), 70, 100
Parnaso (el), 5

Pegaso, 84, 85
Peleo, 60
Peneo, 6
Perséfone, 71
Perseo, 73, 74, 76, 77, 78, 82, 83, 84, 85, 86, 87, 88, 89
Plutón=Hades
Polidectes, 76, 77, 88
Poseidón, 22, 30, 71, 81, 86, 92, 96
Prometeo, 104, 105, 106, 107, 108, 110, 111, 112, 115, 116, 117, 118, 120, 123
Proserpina, 63

- Q -

Quirón, 123

- R -

Rea, 71, 81
Ródope (el monte), 64

- S -

Sátiros (los), 43
Selene=Artemisa
Sémele, 51
Sérifos (isla de), 76, 87
Sibilas (las), 41
Sición, 106

Sileno, 43, 44, 51
Sísifo, 63

- T -

Tánatos, 70
Tántalo, 63, 81
Tártaro (el), 62, 70
Tetis, 54, 60
Tiresias, 35, 39, 42
Titanes (los), 70, 104
Tmolo, 46
Tracia, 61
Túmulo (monte), 43

- U -

Urano, 103

- V -

Venus=Afrodita
Vulcano=Hefesto

- Z -

Zeus, 11, 18, 22, 26, 27, 34, 36, 41, 42, 51, 53, 57, 60, 71, 72, 73, 74, 81, 89, 92, 93, 99, 104, 105, 106, 108, 109, 110, 111, 112, 115, 116, 117, 118, 120, 121, 123